卡耐基全集

人性的弱点

[美] 戴尔·卡耐基 著

华 斌 编译

中国社会出版社

国家一级出版社★全国百佳图书出版单位

图书在版编目（CIP）数据

人性的弱点 /（美）戴尔·卡耐基著；华斌编译．—北京：中国社会出版社，2017.5

（卡耐基全集）

ISBN 978-7-5087-5662-2

Ⅰ.①人… Ⅱ.①华… Ⅲ.①心理交往-通俗读物 Ⅳ.①C912.11-49

中国版本图书馆 CIP 数据核字（2017）第 097696 号

丛 书 名：卡耐基全集
书　　名：人性的弱点
著　　者：（美）戴尔·卡耐基
编 译 者：华　斌

出 版 人：浦善新
终 审 人：李　浩
总 策 划：马　强
责任编辑：陈　琛

出版发行：中国社会出版社　　**邮政编码**：100032
通联方式：北京市西城区二龙路甲 33 号
电　　话：编辑部：（010）58124835
邮购部：（010）58124836
（010）58124838
网　　址：www.shcbs.com.cn
shcbs.mca.gov.cn
经　　销：各地新华书店

中国社会出版社天猫旗舰店

印刷装订：山东汇文印务有限公司
开　　本　155mm×220mm
印　　张　12
字　　数　186 千字
版　　次　2017 年 7 月第 1 版
印　　次　2019 年 7 月第 2 次印刷
定　　价　25.00 元

中国社会出版社微信公众号

前　言

戴尔·卡耐基是美国现代成人教育之父，20 世纪最伟大的人生导师、成功学大师和公共关系学家。1888 年 11 月 24 日，卡耐基出生在美国密苏里州一个贫穷的农民家庭，1955 年 11 月 1 日逝世，终年 67 岁。

卡耐基曾经是一名推销员，但为了赚取生活费，他又到夜校教公开演讲课。他的公开演说，不仅讲解演说术的历史和演说的原理，更主要的是采取启发的方式，由他和学员们共同参与实施，专门以实践的经验来训练人进行思考。

卡耐基在此教学期间，对人性问题进行了深入研究，对人类共同的心理特点进行了探索和分析，在此基础上开创了全新的成人教育领域，主要包括为人处世、人际关系、智力开发、口才演讲、成功推销等方面，并创立了自己的成人教育机构，传授这些全新的知识。

卡耐基的成人教育是一套系统而完善的实战教育，操作简单易懂，能够迅速帮助人走向成功。他的成功主要体现在能够帮助人们在处世上获得自尊、自重、自信和勇气，在事业上能够克服人性的弱点，发挥人性的优点，开发自我的潜能，使人们不断自我激励并建功立业，实现人生的价值，拥有快乐的人生。

成人教育这个职业使卡耐基蜚声世界，他独创的教学方法使他的事业蒸蒸日上，他创立的成人教育机构遍布世界各地，多达2000余所。接受这种教育的，不仅有名星巨商，也有军政要人、内阁成员，甚至还有几位总统，人数多达几千万，影响了20世纪几代人的成长。

《人性的弱点》汇集了卡耐基的思想精华和最激动人心的内容，是他最成功的励志经典，出版后受到了广大读者欢迎，成为西方世界持久的人文畅销书之一。无数读者通过阅读和实践书中介绍的各种方法走出了困境，有的还成为令世人仰慕的杰出人士。只要不断研读本书，发掘自己无穷潜力，定会创造辉煌的人生。本书自问世以来，强烈震撼着人们的灵魂，一直在全球畅销不衰，激励着千千万万的人们走向成功！

美国《纽约时报》曾报道说：“在世界出版史上，没有任何一本书能像卡耐基的著作那样持久地深入人心，也唯有卡耐基的书，才能在他辞世半个世纪以后，还能占据我们的排行榜。”

美国总统肯尼迪曾经说过：“卡耐基留给我们的不仅仅是几本书和一所学校，其真正的价值是：他把个人的成功传授给了每一个想出人头地的年轻人。”

目　录

第1章　协调人际关系

第2章　利用人的欲望

第 3 章 做到让人喜欢

第 4 章 善于沟通交流

第 1 章　协调人际关系

只要真正对人感兴趣，两个月内，你就会交到很多朋友，绝对比你两年内想吸引别人注意所交到的朋友更多。换句话说：交朋友的另一个方法就是让自己成为别人的朋友。

一个人的“第一印象”是非常重要的，别人对你，或你对别人都是如此。在应酬上，如果“第一印象”不好的话，想要挽回就要费很大的努力才行，这一点是不得不引起注意的。

应酬的学问和艺术不是一两天就能学好的，所以，经验的积累就显得尤为重要了。应酬学家甘保博士在他的论述中，把“经验”放在第一位。

世界上大多数领袖群体的人物，都不是要人“怎么怎么”的。他们的专长是“使别人自愿听从他”，大多数的情况都是这样的。

一个年轻人如果希望在世界上出名并流芳百世，那他首先要获得别人对他的信任。一个人如果学会了获得他人信任的方法，那比拥有万贯家财更能引以为豪。

我们不要责怪别人，我们要试着了解他们，我们要试着明白他们为什么会那样做，尽量设身处地地为他们着想。这比批评更有益处，也更有意义得多；而这也孕育了同情、容忍以及仁慈。

如欲要蜂蜜，就别打翻蜂房

1931 年 5 月 7 日，警方历经几个星期的搜捕，令纽约市警察大伤脑筋的“双枪杀手”克罗里穷途末路，被围困在西尾街他情人的公寓里。

当时，150 名警员和侦探包围了他在顶楼的藏身之处。他们把屋顶穿洞，要用催泪弹把这位“警察杀手”熏出来。同时，在周围的建筑物上，架设了多挺机关枪。

大约过了一个钟头，这幢纽约高级的住宅区内，不断地响着清脆的手枪声和“嗒嗒”的机枪声。克罗里躲在一张堆满杂物的椅子后面，不断地朝警方开火。许多胆大好奇的市民，纷纷涌上街头观看这场枪战。要知道，在纽约，这种激烈的枪战只在电影中见过，现实生活中实不多见。

当克罗里被捉到的时候，警察局局长莫隆尼宣布，这位双枪恶徒是纽约有史以来最危险的罪犯之一。“他动不动就开枪杀人，”局长说，“连眼都不眨一下。”

让我们看看这位双枪恶魔是怎样辩驳、证明自己是无辜的吧。当警方朝他藏身的公寓开火的时候，他写了一封信给“有关人士”，信中说：“在我的衣服之下是一颗疲惫的心，但这颗心是仁慈的——一颗不会伤害任何人的仁慈之心。”

克罗里写这封信的时候，鲜血从他的伤口涌出，在信纸上留下一道红色的血迹。

事情的真相又是怎样的呢？在搜捕发生之前，克罗里在长岛一条郊外的道路上跟女友在汽车里温存。出其不意，一位警员来到车旁，敲击车窗说：“请出示你的驾驶执照。”

克罗里一言不发，而后拔出手枪朝那位警员连开数枪。那位可怜的警员瞬间倒在了血泊中。克罗里跳出来，又朝尚未断气的警员开了一枪。这难道就是克罗里所谓的“一颗不会伤害任何人的仁慈之心”吗？

克罗里被判坐电椅。当他抵达辛辛监狱的死刑室时，他是否说“这是我杀人的下场？”没有。他反而说：“这就是我防卫自己所得到的结果吗？”

毫无疑问，从始至终，“双枪杀手”克罗里都不曾悔恨过，因为他认为自己根本就没有什么错。

这是匪徒中一种不寻常的态度吗？如果你这样想的话，那还是先听听这段话：“我把一生中最好的时光，都花在给别人提供轻松的娱乐、帮助他们得到快乐上，人们回报给我的却只有辱骂。是他们的恩将仇报把我逼成了亡命之徒。”

这是阿尔·卡朋所说过的话。是的，美国昔日的第一号公敌——横行芝加哥最阴险的匪首卡朋——不曾责怪自己。他真的自以为是大众的恩人——一个不受感激却受误解的大众恩人。

达奇·舒尔茨也是一个活生生的例子。达奇是恶名昭彰的“纽约之鼠”。当他在纽瓦克被枪手击倒之前，也自认为造福群众。在一次报道访问中，他说他是一名大众恩人，他相信自己真的是一名恩人。

针对这方面，我与辛辛监狱的监狱长刘易士通过几次很有意思的信进行了交流。他在其中的一封信中这样写道：“在牢里的罪犯，几乎没有一个自认是坏人。他们跟你我一样都是人，都会为自己辩解。他们会告诉我们为什么要撬开保险箱，为什么随时要扣动扳机。他们中的大多数人，不论是有理还是无理，总要为自己破坏社会的行为辩解一番。因此，他们总是得到这样的结论：罪责不在他们，下地狱和伏法的也不应该是他们。”

如果阿尔·卡朋、“双枪杀手”克罗里、达奇·舒尔茨以及监狱里的那些亡命之徒，从来都不曾为自己的行为自责过，那么，又何必强求你我所接触的那些人呢？

过世的约翰·华纳梅克尔一度承认："我30年前就学到，责怪别人是愚蠢的行为。我不责怪上帝对智慧分配不均，因为要克服我自己的缺陷，都已经非常困难了。"

华纳梅克尔早就领会到了这一点，但我却必须在这个冷酷的地方碰撞了三十多年，才开始领悟到：100次中有99次，没有人会责怪自己任何事，不论他错得多么离谱。

世界著名的心理学家B. F. 史金勒通过动物实验证明：在学习方面，一只因良好行为而得到奖励的动物，要比一只因行为不良而受到处罚的动物学得快得多，而且更能够记住它所学的。进一步研究显示，人类也有着同样的情形。批评，并不能够改变事实，反而常常会引起愤恨。

另一位伟大的心理学家席勒说："我们极希望获得别人的赞扬，同样地，我们也极为害怕别人的指责。"

大多数情况下，批评所引发的后果只能是愤恨，常常使员工和朋友的士气低落，而状况却不会有丝毫改善。

俄克拉荷马州恩尼德市的江士顿，是一家工程公司的安全检查员，他的职责之一是监督在工地上工作的员工是否戴着安全帽。据他说，他最初一旦碰到没有戴安全帽的人，就板着脸命令他们必须遵守公司的规定。结果员工虽然表面上接受了他的纠正，却满心不高兴，常常在他离开以后又把安全帽摘掉。

后来江士顿决定改变方式。当他再次发现有人不戴安全帽的时候，他就问他们是不是安全帽戴起来不舒服，或者有什么不合适的地方，然后用一种关切的语调提醒他们，戴帽子的目的并不完全是遵守制度，更重要的是对他们负责，保护他们的生命不受到伤害，并建议他们为了自己和家人，工作时一定要戴安全帽。这样做的效果果然比以前好得多，遵守规定戴安全帽的人越来越多，这也就避免了愤恨或情绪上的不满。

这类事件还有很多。例如，西奥多·罗斯福和塔夫脱总统之间的那场争论——他们的不和睦导致共和党的分裂，反将伍德罗·威尔逊送进了白宫。

事情发生在 1908 年，当时罗斯福搬出白宫，共和党的塔夫脱当选为总统。然后，罗斯福到非洲去猎狮子。当他回到美国后，看到塔夫脱的保守作风，很是震怒。罗斯福除了公然抨击塔夫脱外，还准备再度出来竞选总统，并重新组建“进步党”。这几乎导致老共和党的瓦解。果然，紧接着而来的那次选举，塔夫脱和共和党只赢得了佛蒙特州和犹他州两个区的选票。这是共和党有史以来遭受的最惨痛的打击。

罗斯福谴责塔夫脱，但是塔夫脱并没有丝毫的悔意，他含着眼泪说道：“我不知道我所做的一切有什么不对。”

让我们再来看看“茶壶敦油田”舞弊案吧。那桩丑闻的真实情况是这样的：

哈丁（美国第 29 任总统）政府的内政部长亚勃·佛尔受权主掌政府在艾尔克山丘和茶壶敦地区油田的出租事宜——那些油田是留给海军日后扩建壮大使用的。

佛尔部长有没有让别人公开投标呢？没有。他干脆把那份利润丰腴的合同交给他的朋友爱德华·杜黑尼。而杜黑尼又做了什么呢？他给了佛尔部长他所谓的 10 万美元“贷款”。佛尔部长还命令美国海军进入该区，驱逐了在艾尔克附近掘油的其他油商。

面对不合理的命令和恐怖的枪弹刺刀，这些油商离开油田冲进法院，揭发了 10 万美元茶壶敦油田舞弊案。结果引起了轩然大波，毁了哈丁总统的执政，激起全国公愤，几乎弄垮共和党，佛尔也锒铛入狱。

佛尔被斥骂得狗血淋头——还没有一个政客被斥责得如此凄惨。他后悔了吗？一点也没有！多年之后，胡佛在一次公开演讲中，暗示哈丁总统之死是由于一个朋友出卖他，令他焦心和忧虑过度才导致悲剧发生的。

而当佛尔太太听到这段话时，她从椅子上跳起来，泪流满面，双手握紧拳头，尖声叫道：“什么，哈丁被佛尔出卖了？绝对不会，我先生从来没有做过这种事，即使整屋子的黄金也无法使我先生起歹念。他才是被人出卖而被钉上十字架的。”

你瞧，人性表现出来了，做错事的人只会责怪别人，而从来不会责怪自己。我们都是如此。所以，当你我明天很想批评别人的时候，不要忘了阿尔·卡朋、“双枪杀手”克罗里以及亚勃·佛尔。我们要明白，批评就像家鸽，它们总会回来的。

另外，我们也要明白这样一个道理：当我们指责和纠正某个人的错误时，他可能会为自己辩护，反咬我们一口。或者，像文雅的塔夫脱那样，说：“我不知道我所做的一切有什么不对。”

1865 年 4 月 15 日，林肯奄奄一息地躺在福特戏院正对面一家廉价客栈的卧房里。有人在戏院里开枪击中了林肯。林肯那瘦长的身子斜躺在那张对他来说太短的床上。床的上方挂着一张博纳尔的名画《马市》的廉价复制品，还有一盏煤气灯发出惨淡的黄晕。

当林肯咽下最后一口气时，战争部长斯坦东说：“这里躺着的是人间有史以来最完美的元首。”

林肯待人处世的成功秘诀是什么？我花了 10 年时间研究林肯的一生，还花了整整 3 年的时间写作和润饰一本名为《林肯的另一面》的书。我自信，我对林肯的性格和居家生活所做的研究，比任何人都要详尽彻底，尤其对他待人处世方面更有心得。

林肯不喜欢批评别人吗？不是的。他年轻的时候住在印第安纳州的鸽溪谷，当时的他不仅经常批评别人，而且还写信作诗讽刺别人，并把那些信件和诗丢在一定会被那个人发现的路上。

林肯在伊利诺伊州春田镇从事律师业务的时候，甚至投书给报社，公开攻击他的对手。其中有封信所导致的后果使他刻骨铭心，永生难忘。

1842 年秋天，林肯在《春田时报》刊出了一封未署名的信，意在疯刺一位妄自尊大、名为詹姆斯·史尔兹的爱尔兰人。信的内容极具攻击取笑意味，语言十分尖酸，令镇上的人捧腹大笑。

史尔兹是个敏感而骄傲的人，他查出写信的人后，便找到林肯，提出要跟他决斗。对方给他选择武器的自由，因为他的双臂很长，他就选择骑兵的长剑，并跟一名西点军校的毕业生学习击剑。

决斗的那一天，林肯和史尔兹在密西西比的一个沙滩碰头，准备决斗至死为止。幸好最后一刻有人阻止了他们，才终止了这场决斗。

这是林肯一生中最难忘的私人事件。这件事彻底改变了林肯待人的态度和处世的方式。他从此再没有写过一封侮辱人的信件，也不再取笑任何人了。从那时候起，他不再为任何事批评和指责别人了。

南北战争时，林肯一次又一次任命新的将军统率北军，而每一个将军——马克兰、波普、伯恩赛德、胡克尔、米德——都相继惨败，使得林肯几乎陷入绝境。全国有一半的人都在痛骂那些差劲的将军们，但林肯没有一句怨言，一直保持着沉默。他喜欢引用这样一句名言："你不论断他人，他人就不会论断你。"

当林肯的太太和其他人对南方人士有所非议的时候，林肯回答说："不要批评他们。如果我处在同样情况之下，也会跟他们一样。"

1863 年 7 月 1 日，葛底斯堡战役打响了。4 天后，李将军开始向南撤退的时候，突然下起了倾盆大雨。当他冒雨带领部队撤逃到波多梅克时，被一条高涨的河流挡住了去路，而身后又是一支胜利的北军。李将军已经陷入了绝境，无路可逃。

林肯知道这是一个天赐良机：只要打败了李将军的军队，战争很快就可以结束了。因此，林肯满怀希望地命令米德不要召开军事会议，立即出击。林肯不但以电报下令，还派出一名特使去见米德，要他立即采取行动。

米德将军接到命令后是怎么做的呢？他并没有立刻执行命令，而是召开了一次又一次的军事会议。他迟疑不决，一再拖延。他找出各种借口，拒绝攻击李将军。最后，河水退去，李将军带着他的士兵从波多梅克逃脱了。

林肯对他的儿子罗伯特吼叫起来："老天爷！这究竟是怎么回事？他们在我们的掌握中，我们只要伸出手来，他们就是我们的了，但我无论说什么做什么，都无法使我们的军队移动一步。在那种情况下，几乎任何一位将领都可以击败李将军。如果我在那儿的话，我自己就可以把他歼灭。"

在痛苦、失望之余，林肯坐下来，给米德写了一封信。当然，这时的林肯在言论措辞上都非常“不客气”，表达了他内心的极端不满。

> 我亲爱的将军：
>
> 我不相信你能体会李逃脱所引起的严重不幸。他本来在我们的轻易掌握之中，当时如果一拥而上的话，加上我们最近的一些其他胜利，就可以结束战事了。结果现在呢，战事可能会无限期地延长下去。如果你上星期一不能安全地攻打李的话，又怎么能在渡河之后，以你剩的少部分兵士——不到你当时手上的三分之二兵力——去攻击他呢？我无法期望你能改变形势，若要期望你能的话，也是一种不合理的期望。你的良机已经失去了，因此我感到无限的悲痛。

你一定想知道，米德将军看过这封信后的反应如何。

但米德一直没有看到这封信，因为林肯根本就没有把它发出去。这封信是林肯死后，在他的文件中找到的。

我猜想——这只是一个猜想——写完这封信之后，林肯看着窗外，对他自己说：“等一下，也许我不应该如此匆忙。我坐在这安静的白宫里，命令米德出击是轻而易举的事。但假如我当时在葛底斯堡，假如我在上星期，也跟米德一样，见到遍地血腥；假如我听到伤兵的悲号哀吟，也许我也不会如此急着去进攻了；假如我也像米德一样畏缩，我的做法可能就会跟他的相同了。不管怎样，现在事情已经这样了，即使我发出这封信也丝毫不会改变局势，只能引发更坏的影响——米德会为自己辩护，会反过来责备我，或产生厌恶心理，破坏他身为指挥官的效力，而且也许会迫使他辞职不干了。”

因此，就像我上面所说的，林肯把这封信放在一旁，因为他从痛苦的经验中学到，尖刻的批评和斥责几乎总是无济于事的。

西奥多·罗斯福总统说，他当总统时，若碰到棘手的问题，常往后一靠，抬头望望挂在他白宫办公室墙上那张林肯的巨幅画像，问自己："如果林肯处在我这种情况，他将怎么做？他将如何解决这个问题？"

我们也不例外，日常每当我们想训斥和责怪他人的时候，都要先想一想：如果林肯碰到这个问题，他会如何解决？

我年轻时，总希望给别人留下深刻印象。当时，理查德·哈丁·戴维斯刚出现在美国文坛上，颇引人注意。我那时正好帮一家杂志社撰文介绍作家，便写信给戴维斯，请他谈谈他的工作方式。现在回想起来，那是一封很可笑的信。

此前，我收到一封来信，信后附注："此信乃口授，并未过目。"这话留给我极深的印象，显示此人忙碌但很慎重。于是，我在给戴维斯的回信后面也加了这么一个附注，希望能给戴维斯留下较深刻的印象。

戴维斯根本没有提笔给我写回信，只把我寄给他的信退了回来，在信后潦草地写了一行字："你的礼貌真是没有礼貌。"

的确，我是弄巧成拙了，受到这样的指责并没有错。但是，我仍觉得很恼火，甚至 10 年后我获悉戴维斯过世的消息时，第一个念头仍然是——我实在羞于承认——我受到的伤害。

以后，如果你想留下一段令人永远难忘的积怨，只要发表一点刻薄的批评即可。

马克·吐温常常会大发脾气，写信的火气之大足可以把信纸烧焦。例如有一次，他写了一封信给激怒了他的那个人："给你的东西应该是死亡埋葬许可书。你只要开口，我一定会协助你弄到这份许可书。"

又有一次，他写信给一位编辑，谈到一名校对企图"改进我的拼字和标点"。他以命令的口气写道："此后这方面的情形必须遵照我的底稿去做，叫那个校对把他的建议留在他那已经腐朽了的脑子里面。"

写过这些言辞可以刺伤人心的信后，马克·吐温感到很痛快，怒气也烟消云散了。当然，这些信也没有引起任何不好的反应，因为他的太太已经悄悄地把这些信保留了下来，没有付邮，这些信根本就没有寄出去。

你是否也想劝某人改掉一些坏习惯呢？棒极了，我非常赞成。但为何不从你自己开始呢？从一个纯粹自私的观点来说，这比有意改进别人获得的益处更多——是的，而且所冒的风险也少得多了。

布朗宁说："当一个人先从自己的内心开始奋斗，他就是个有价值的人。"要革除你自己的所有缺点，也许必须到圣诞节才办得到。那时候你就可以在假期里好好休息一番，再利用元旦规劝批评别人。

请不要忘记，我们所面对的并不是绝对理性的动物，而是充满了情绪变化、成见、自负和虚荣的动物。

刻薄的批评，使得敏感的托马斯·哈代——曾使英国文学丰富的最佳作家之一——永远放弃了小说写作。

本杰明·富兰克林年轻的时候并不圆滑，后来却变得富有外交手腕，善与人应对，精明干练，并被任命为美国驻法大使。"我不说任何人的坏话，我只说我所知道的每个人的一切长处。"这就是他成功的秘诀。

著名试飞员包布·胡佛不但担任各种试飞任务，还经常为航空展览做飞行表演。有一次，他在圣地亚哥航空展览中表演完毕后飞回洛杉矶。正如《飞行》杂志所描写的，在空中300尺的高度，两具引擎突然熄灭。由于他拥有熟练的技术，他操纵飞机着陆了，飞机严重损坏，但所幸人没有受伤。

在迫降之后，胡佛第一个行动就是检查飞机燃料。果不出所料，他所驾驶的第二次世界大战时的螺旋桨飞机，居然装的是喷气机燃料而不是汽油。

回到机场后，他要求见见为他保养飞机的机械师。那位年轻的机械师为他所犯的错误极为难过。当胡佛走向他的时候，他正泪流满面。由于他的疏忽，使得一架非常昂贵的飞机毁于一旦，而且差一点还要了3个优秀飞行员的性命。

你可以想象胡佛必然大为震怒，并且预料这位荣誉心极强、事事要求精确的飞行员必然会痛责机械师的疏忽。但是胡佛并没有责骂那位机械师，甚至连一句批评的话都没有说。相反，胡佛用手臂抱住那位机械师的肩膀，对他说：“为了显示我相信你不会再犯错误，我要你明天再为我保养 F－51 飞机。”

在家庭里，父母作为长辈也会经常批评自己的儿女。你一定以为我会说“不可以批评”，但是我不想这样说。我只是说：“在你批评孩子之前，请你读一读美国新闻教导的典型文章之一《不体贴的父亲》。”这篇文章首先登在杂志《家庭纪事》的社论栏中。经过作者允许，我们照着《读者文摘》的节要版，把这篇文章刊印在下面。

《不体贴的父亲》是篇小品文，因一时内心的感觉而写的，却打动了很多读者的心弦，成为大家最喜欢而一再转载的文章。自从这篇文章第一次刊载出来以后，其作者李文斯登·劳奈德说：“在美国有很多杂志和报纸纷纷转载这篇文章，外国的情形也与此差不多。我自己就同意过成千上万的人，让他们在学校、在教堂，以及在演讲台上宣读这篇文章。它还在无数的机会和节目中广播出去。奇特的是，大学刊物登载它，中学刊物也登载它。有的时候，一篇却深深地透达人心，这一篇小文章确实也产生了同样的效果。”

不体贴的父亲

来，我的宝贝，听我——你的爸爸——告诉你。此时你躺在床上，睡得正熟，小手掌枕在你面颊之下，你的额头微湿，鬈曲的金发粘在上面。几分钟之前，我在书房里看报纸的时候，一阵懊悔的浪潮淹没了我，使我喘不过气来。带着愧疚的心，我轻轻地推开你卧室的房门，悄悄地来到你的床边。

宝贝，我常常对你发脾气：在你穿衣服上学的时候，因为你只用毛巾在脸上抹了一下，我责备你；你没有擦干净你的鞋子，我又对你大发脾气；看到你把你的东西丢在地板上，我又对你大吼大叫。

在吃早饭的时候，我又找到了你的错处——把东西泼在桌上，吃东西狼吞虎咽，把手肘放在桌子上，在面包上涂的牛油太厚。在你出去玩而我去赶火车的时候，你转过身来向我挥手，大声地说：“再见，爸爸！”而我则皱着眉头对你说：“挺起胸，站直点！”

晚上也是一样。我走在路上时，就看到你跪在地上玩弹珠，你的长袜子上破了好几个洞。我在你朋友面前押着你回家，使你受到羞辱，并对你吼叫：袜子要花钱买的——如果你自己挣钱买时你就知道注意了！你可能想不到，我的孩子，做父亲的居然说这种话！

你还记得吗？在上床睡觉之前，你小心翼翼地来到我书房门口，见我正在看报，犹豫着不敢进去。我从报纸上面看到了你，对你的打扰顿感不耐：“你要干什么？”

你没有说话，只是快步跑过来，抱住我的脖颈亲吻我。你小手臂那紧抱的力量显示出一份情爱，那是上帝种在你心田里的，我的任何漠视也不能使之凋萎。你吻过我就走了，脚步快速地轻踏楼梯上楼去了。

我的宝贝，就在你转身的瞬间，报纸从我手中滑到了地板上，一阵使我难过的、强烈的恐惧涌上了心头。习惯真是害我不浅，吹毛求疵和训斥的习惯——这是我对待你作为一名小男孩的方式。这不是我不爱你，而是我对年轻人期望太高了。我以我自己年龄的尺度来衡量你。

我的宝贝，你的本性中有着那么多真、善、美，你小小的心犹如包含并照亮群山的晨曦——你跑进来并亲吻我道晚安的自发性冲动显示了这一切。今晚对于我来说，什么都没有你重要，我放下一切径直来到你的床边，跪在黑暗中，心里充满了愧疚。

这只是个没有太大效用的赎罪。我知道如果在你醒着的时候告诉你这一切，你也不会明白。但是从明天起，我要做一名真正的父亲。我要做你的好朋友——你受苦难的时候我也受苦难，你欢笑的时候我也欢笑。我会抛弃一切不耐烦的话和呆板的表情，我会像在一个典礼中一样庄严地宣布：“他只是一个男孩——一个小男孩！”

我想我以前是把你当作一名大人来看了。但是我的孩子，我现在看到的你，蜷缩着，疲倦地睡在小床上，完全还是婴孩的模样。就是昨天，你还躺在你母亲怀里，头靠在她肩上。我以前要求得实在太多太多了。

我们不要责怪别人，我们要试着了解他们，我们要试着明白他们为什么会那样做，尽量设身处地地为他们着想。这样比批评更有益处，也更有意义得多；而这也孕育了同情、容忍以及仁慈。

正如詹森博士所说：“上帝自己也不愿审断人，直到末日审判的到来。”记住：全然了解，就是全然宽恕。

一个人的“第一印象”是非常重要的，别人对你，或你对别人都是如此。

第一印象最关键

我们的日常生活方式，就理论而言，无论如何是谈不上合理的，有许多事情，由于长期的习惯和惰性，变得不合理了。但你千万不要试着去打破这些不合理的习惯，否则的话，在应酬的路上，要遭遇对方“心理上的抵抗”。所谓“心理上的抵抗”，就是对方认为你不近人情。一旦让对方有了这种感觉，你的应酬效果自然就会大大降低。

关于这些“不合理”的日常生活习惯和方式，例子真是不胜枚举，最平凡的小事是日常见面那种礼貌。比如我们与朋友见面，即使没有失礼的地方，但也一定会说：“真是太失礼了。”即使是别人邀请你去，但临行时也总会说句：“打扰你了！”你去某公司任职，即使不是某人介绍的，但他问起你时，你也会说：“这完全是托你的面子啊。”

但试想一下，假如你不说这种不合理的话，在别人看来，你就是极不近人情的。不过，如果你到了欧洲或某些地方，你照上面的方式讲这种礼貌话，就不合适了。

在日本，公共汽车售票员向每个下车的乘客说："多谢你！"对上车乘客说："对不起，让你久等了。"假如国内的公共汽车售票员对客人这样说，那乘客一定会觉得售票员的大脑出了问题。所以不是合理不合理的问题，而是因为每个地方的生活风俗习惯不同，这是需要引起注意的。

一个人的"第一印象"是非常重要的，别人对你，或你对别人都是如此。在应酬上，如果"第一印象"不好的话，想要挽回就要费很大的努力才行，这一点是不得不引起注意的。

良好的第一印象与服饰密切相关。也许有人要问："服装还会成为问题吗？应酬的内容才是最重要的。"

你看见一个成年人穿了一条牛仔裤，你会有轻佻的印象吗？你看到某人穿的长裤裤管正中没有一条线，你会感觉这很"不好看"吗？如果你的答复都是肯定的，那么你就没有正视现实。请留意你的服装吧，这并不是叫你穿上最流行的、最时髦的衣服，只是请你穿得使人有整齐、清洁之感，至于衣服的新与旧，质地的好与坏，都不成问题。

美国有很多家大公司对所属雇员的装扮都有"规格"。当然，这种规格并不是指定要穿成怎么好看或指定衣料，而是"观感"的"水准"。

在专家们所著的书中，提出应酬前衣饰应该注意以下六点：

一、鞋擦过了没有；

二、裤管有没有线；

三、衬衫的扣子全都扣好了没有；

四、胡子刮过没有；

五、梳好头发没有；

六、衣服的褶皱是否注意到。

不只在美国如此，在世界上任何地方都是一样的。泰国有一家保险公司的外勤员向公司报告，当他们对农民进行劝说工作时，穿戴整齐与穿得不好，在成绩上相差很多，可见农民们本身虽然穿得不好，但是对穿得整齐的人，总是能产生较强的信任感。

因此，不要过分嘲笑“先敬罗衣后敬人”这种社会风习。我们进行应酬时，应该重视一下现实，要推己及人。不然的话，一些不必要的失败就在所难免了。

对于陌生人，找别人介绍一下是最好不过的了。以国外的人寿保险经纪人为例，他们去找新的主顾，现在都已采用“托人介绍”的方式，因为有人介绍，就绝不会吃闭门羹。当然，帮你写介绍信的人，一定是在对方心目中很有面子的，如果那是一个令对方讨厌的人，其结果必定是很糟的。

在现今社会，介绍信正逐渐被名片加若干字句来代替，这是较好的办法。因为介绍信对方要打开来看，有的人看过信拒绝信内所提事项时，会把原信退回来人，这时就使来者十分难堪；假如写名片的话，这种情形就能避免了。

卡迪克在他所著的《应酬之道》中说：“和陌生人第一次见面，最好用介绍人做初见面的话题。”这话是最为中肯的。

应酬时间的长短问题，在一种恰当的应酬上，有很重要的价值。当然，我们也不能一概而论，而是要从应酬的本质、目的和种类去加以判定。但我们要知道，现在的市内公用电话规定基本通话时间是 3 分钟，这一规定是经过深刻的研究才做出的。它旨在说明一件小事情，应该在 3 分钟内了结；假如事情不是一说即合，或者需要辩论的，就是花上一小时的时间也是极有可能的。但是一个不变的原则，就是我们应该尽量缩短应酬时间，以避免自己和对方产生“疲劳感”。因为就时间而言，有物理方面和心理方面的区别，当你和一位知己朋友聊了一小时，而他一看手表，啊呀，12 点了，快没有公共汽车了，末班车快开了……这样的应酬，使人感觉到，分明物理的时间已有一个多小时，心理上却只有 20 分钟的感觉。有些人参与应酬，对于物理时间满不在乎，却很重视心理上的时间。那就是说，当他对于这场应酬有兴趣时，至于到底花了多少时间他是从来不去考虑的，否则，心理上就有度日如年的感觉了。

但需要注意的是，我们人类是由物理时间控制着来生活的，所以最好还是不要浪费时间。这样，既方便了自己，又方便了别人，更为重要的是使应酬本身更为有效。

请时刻牢记，时间是应酬的最后一项要素，也是最重要的因素，那还有什么理由不去好好把握它呢?

有些事情是绝对不可能立即得到答案的。你事前最好要有自己的一个判断，遇到这种事情，最好不要等候答复就告辞："你很忙，我就不打扰你了，请你再认真考虑一下吧!"这样自然会获得对方的好感。

怎样达到自己的目的

一直以来，人类就有一种自相矛盾的心理，正如有些人一方面强烈呼吁男女要平等，但另一方面内心却希望维持男性的特权，这无疑会给对方造成一种难以理解的情形。据说，日本某名人在某一应酬场合中，与人说到了男女平等问题。

问：阁下认为女性应该有参政权吗？答：当然，我认为早就应该赋予女性参政权。问：你认为私娼应该禁绝吗？答：私娼应立即扫荡。问：你对男人纳妾的看法如何？答：纳妾实为男性之耻。问：太太应该出来工作吗？答：这有什么不好呢？

好了，你听了上面几项答复，你会有一个印象，觉得此人是一位标准的男女平等论者。你接着往下听去。

问：阁下赞成男女同校吗？答：男女各有特性，如一同就学，那么各自的特性难免就会失去；不过，要是同校的话，也是有一定好处的。

注意：他对于男女同校的问题，是保留着赞成或反对的，换句话说，他是采取中立，未置可否。但是和他对话的人，却把他的"中立"看作"赞成"了，因为他在以前的回答中是力主男女平等的。听的人就受了这种影响，硬把他“中立”的意见也算作是“赞成”了。

美国心理学家海曼在类似的测验中，测试出 100 人之中有 73 人是把对方的答复按照自己所希望的方向去理解的，这一点在应酬时也是必须要明白的。

应酬的学问和艺术不是一两天就能学好的，所以，经验的积累就显得尤为重要了。应酬学家甘保博士在他的论述中，把“经验”放在第一位。其次才是如下内容：

一、对于话题的内容应有专门的知识——当你和对方谈到某一件事时，你必须对此的确有所认识，否则说起来便由于缺乏吸引力而不会引起对方的注意和兴趣。

二、对人与人之间关系的真理要有充分的了解——有许多事的做法也许不尽相同，但道理是永不能改变的，这种“永不能改变”的道理，自己是要牢记于心的。

三、要培养忍耐力——切忌凡事“小气”。经验证明“小气”常使自己吃亏。

四、能够把你自己的愿望利用语气表达出来——不要使人捉摸不清，有些人以为态度模棱两可是一种技巧，而事实上，这样只会弄巧成拙。真正懂得运用应酬技术的人，都会迅速表明自身的立场。

五、常常保持中立，保持客观——按照经验，一个态度中立的人，往往能争取到很多的朋友。但即使成为了你的“死党”，你也不必去对他表明什么，只要事实上是“死党”就行了。

六、对事物要有衡量种种价值的标准，不要固执地对某一个看法抓住不放。

七、对秘密的事情千万不要外泄。一个不能坚守秘密的人，不论做什么事，都会出现过失的。

八、不要光顾自己说，要想办法让他人多说。

九、对人亲切、关心，对他人的背景和动机要尽力去了解。

没有经过准备就去进行一项应酬，常常不仅不成功，而且会遭受无可挽回的失败，尤其是做推销员的，更要当心这一点。

美国有一个人寿保险商，就靠他的“准备”工作，成为了此中之“王”。他的秘诀是：在他去说服一个客人之前，先了解他究竟是否购买了别家的人寿保险，如果在别家已有人寿保险，你还要去劝他再买你公司的，这事成功的希望就只有原来的一半了。“碰到这种情形，”他说，“人寿保险的事是绝对不能再提的，可以提到另外一种保险，诸如意外保险之类。”

低能的人寿保险商，最常用的手段就是攻击那客人所购买的人寿保险，然后推荐自己公司的。

某书报社派人员上门推销，承接各种报刊订户，但他去到一家客户，人家本来已长期订了甲杂志，他还冲口而出，让人订一本乙杂志。客人一句话就拒绝了：“我们没有同时订两本杂志的必要。”这话一经说出，气氛已很不愉快，再想要介绍另外一种杂志已是根本不可能的了。有很多事情，心理上本来可以稍加准备的，有了准备，一切就好办多了。可惜一般人对这种应有的准备根本不屑一顾，从而让大好的机会白白溜走了。

即使在电话应酬中也有这种情形，预先准备好别人说“是”或“否”时你应如何应对，就可以消除掉那些不必要的不快了。

两个人谈话，从“非特定话题”转入“正题”，绝对不是一件容易的事。有许多人喜欢说许多题外话，然后说：“好了，好了，言归正传，我今天来找你并不为了什么，而是为了……”或者说：“今天来访，无事不登三宝殿，其实是为了……”这样转入正题，表面看来好像直截了当，但这样会使得刚才你说过所有的题外话完全失去效果，因为对方已把你的谈话划分为两部分。假如你不懂“转题”，早已养成了这种说话的习惯，倒不如开门见山，直奔主题，这样所产生的效果就好得多了。

某洗衣机推销员去拜访朋友，实则是为了推销洗衣机。假如他首先和别人说了一大篇题外话，然后说：“今天拜访，无其他目的，实在是想来推销……”我想，他成功的概率是很低的。但他一开头便抓住近来天久不雨，水库干，停水，然后说：“这几天热得很，天天要换衬衫，每天光是洗衣服就大伤脑筋了啊……”由此转入推销洗衣机，真有天衣无缝之妙，即使对方发现了这条“缝”，也会觉得很舒服的。

有些场合是需要声明“闲话少说，言归正传”的。比如对方已知你来意，或者彼此已约定此来是谈些什么的，来一个正式宣布，反可使对方的情绪拉紧，把精神集中一下，来谈你们之间要谈的事情。

有些事情是绝对不可能立即得到答案的。你事前最好要有自己的一个判断，遇到这种事情，最好不要等候答复就告辞：“你很忙，我就不打扰你了，请你再认真考虑一下吧！”这样自然会获得对方的好感，同时你也留下了下次再来的伏线。

有一位专家说：你绝不能使用任何强制手段而使对方按照你的意思去做，这才是应酬的最高效果。对于完全出于自愿，比起你要别人“怎么怎么”是要好很多了。

不要逼别人认错

承认错误是一件好事，可真正愿意承认错误的人实属寥寥。心理学家高伯特说，人们只有在不关痛痒的旧事情上才“无伤大雅”地认错。这话虽然说来不胜幽默，但倒也属实。由此，也就是说，你让别人认错，是很愚蠢的行为。当然，那些在某种势力下被迫坦白认错，是例外的，因为他们的所作所为违反了人类的本性。

既然认错的人如此之少，而争辩的目的无非是想显出别人是错的，所以争辩就完全没有必要了。“把一种面临争辩的事情暂且搁下”，这是英国前首相撒切尔夫人常用的手法。你不要小看这拖延的措施，原来它可以产生一种意想不到的效果，那就是让别人有机会去反省自己的错误。大多数人在感觉事情未能解决时，总要自己花点时间来想一想，如果错误确属自己，那么下一次你就要有所改正了，即使你口头上并不承认错误。但这是不紧要的，因为毕竟没有人愿意对外念念有词地说：“我错了，我错了。”

英国某商人任某大公司经理之职。这家公司下面有许多代理商，经常写信向他投诉种种有关代理商与代理商之间的待遇不公平的事，要求公司方面解释，但是他的应付方法，却是把信塞进一个写着“待办”字样的文件柜去。他说：“应该立刻予以答复，可是那样做必定会和他争辩，而争辩的结果不外乎是对人说‘你错了’。与其这样，还不如干脆暂时将它放于脑后。”

事情的最终结果怎样呢？他笑着回答：“我每隔一段时间把这些‘待办’的信拿出来看看，然后又放回去。其中大多数的信在我第二次拿来看时，信里所谈的问题都已成为过去式而根本无须再答辩了。”

有一位专家说：你绝不能使用任何强制手段而使对方按照你的意思去做，这才是应酬的最高效果。对于完全出于自愿，比起你要别人“怎么怎么”是要好很多了。

不可否认，那些专门要别人“怎么怎么”的人会提出抗议说：“我不是有意向别人唠叨的，而是对方实在蠢得很，如我不清楚讲明要怎么怎么，对方是领悟不到的。”

提出这种抗议的人，应该自己了解，你之所以觉得对方是个蠢材，是由于：

（一）你往往低估对方的理解力。

（二）你的自我观念太强，一切都喜欢自己说了算。

请注意，这两项不是你的长处，而恰恰是你做人的弱点，所以必须立即予以改正。

有四五位朋友组成“小圈子”，一有时间，他们就泡在一起。但一段时间之后，其中一位很少参加了，原来大家都没有再约他。究其原因，就是大家都嫌他总是拿主意，太喜欢要别人“怎么怎么”了。表面看来，在一个游乐的场合，谁拿主意都无关紧要，但日子一长，彼此内心会产生一种莫名的阴影，觉得和这样一个人在一起玩，毫无乐趣可言，所以索性就不和他来往了。

世界上大多数领袖群体的人物，都不是要人“怎么怎么”的。他们的专长是“使别人自愿听从他”，大多数的情况都是这样的。

人类从个性方面分析，可分为“计算型”“感情型”“理智型”

三种类型，但阿里斯的一本著作则认为，“人全是感情动物”。

照他的说法，任何铁汉都会有感情。世界上从来没有一个人不带着感情成分去办事的，问题只在于他的感情厚薄而已。

感情是人类的优点，也是弱点，利用这种既是优点也是弱点去进行应酬，往往会产生事半功倍的效果，因为通常一件事情大部分人都是用三分理智七分感情去判定的。但有些专家说，当你主动地为了某一件事去进行应酬时，你自己如果非常感情用事，就会失去应酬的正确性，以至于使应酬的局面失去了控制。

阿里斯主张，主动地进行应酬时，应该用七分理智、三分感情，这样多半是会成功的。当对方用七分感情、三分理智接受你的应酬时，整个应酬成绩将属于你，而对方也丝毫不感到难过。

一个刚入行的推销员，成绩超过其他老资格的同事，大家都感觉这太不可思议了，后来经过一番研究才知道，原来他专从早已认识的朋友入手。他这样做的目的无非是利用三分朋友的感情去衬托那本来是百分之百的理智性应酬。因为一买一卖本来谈不到什么感情的，好就买，不好就不买；需要就买，不需要就不买。应酬不同于讨论，所以有些推销员非要固执地去纠正客人的见解，那分明是没有必要的。

罗赛尔·赛奇说：“成功的最大关键是要坚守信用。”一个人要想赢得他人的信任，一定要立下极大的决心，花费大量的时间，不断努力才能得偿所愿。

获得他人信任的方法

一个年轻人如果希望在世界上出名并流芳百世，那他首先要获得别人对他的信任。一个人学会了获得他人信任的方法，比拥有万贯家财更值得引以为豪。

但是，世界上真正懂得如何获得他人信任的人真是屈指可数。大多数人都无意中在自己前进的道路上设置了无形的障碍。比如有的态度不好，有的不够机智，有的不善于待人接物，经常使一些有意和他深交的人因失望而远离了他。

通过第一印象获得信任，是处理人际关系的重要技巧。与人交往，第一印象往往是最深刻的。所以，我们一定要使自己给对方留下良好的第一印象。如果一个人能够与人初次见面就达到一见如故的程度，那可真是让人佩服至极了。

其实，最有希望获得成功的人倒不是那些才华横溢者，而是那些最能以亲切和蔼的态度对待别人的人。

通常，在老师眼里，最有前途的学生往往是那些最能赢得他欢心的孩子；在老板看来，最称心的店员，就是那些最能迎合自己心理的人。在我们日常生活中，有很多例子都可以说明这一点，能博得他人的欢心、获得他人的信任，是为人处世所不可或缺的。

人类的心理似乎有一种天然的通性，假如有人能使我们感到高兴、喜悦，即使事情与我们的心愿稍有违背，也不会太在意的。

假如一个书报推销人员很懂得与人交往的方法，言语中总能迎合你的心理，讨你的欢心，那么你会非常情愿地让他经常跑来纠缠你，向你推销书报；即使你觉得自己并不需要，有时竟然也会因不好意思而买几本。

要想博得人们的欢心，获得人们的信任，首先要养成一种令人愉悦的态度，要时刻带着笑容，行动要轻松活泼。无论你内心中是否对他人有好感，但假如人们从你那里看到的是一张哭丧的脸，那还有谁会对你产生好感呢？

与人交流，对于自己的身世、遭遇和好恶最好少说，你应该学会做一个倾听者，经常流露出对他人的谈话感兴趣，能专心听对方说话。这样做对你自己毫无害处，而你所表现出对他人的同情却是他们心中最心爱、最重要的礼物。

任何事业的成功都需要持之以恒，同样，要获得他人的信任也并非一朝一夕的事。良好的态度要一以贯之，千万不要今天扮了一天笑脸，明天就难以自制而故态复萌，显出粗俗急躁的本性。一个志向远大、心如磐石的人，做任何事情都会有始有终，不会半途而废，否则，要得到人们的信任是根本不可能的。

有些年轻人在经商之初，总认为一个人的信用是建立在金钱基础上的，一个有钱的人、有雄厚资本的人，就有信用。这种想法是不对的。其实，比百万财富更高贵的是高尚的品格、精明的才干和吃苦耐劳的精神。

任何人都应该努力培养自己良好的名誉，使人们愿意和你交往，都愿意尽全力来帮助你。一个明智的商人要使自己比别人更出色，不仅要有经商的本领，为人也要诚实、讲信用和坦率，在决策方面要培养起坚定而迅速的决断力。

有许多银行家非常有眼光，他们对那些资本雄厚，但品行不好、不值得信任的人，绝不放贷给他们，哪怕是一分钱；他们反而愿意把钱借给那些资本虽然不是很多，但肯吃苦、能耐劳、小心谨慎、时刻注意商机的人。

银行信贷部的职员们在每次放贷款之前，总要对申请人的信用状况研究一番：对方生意是否稳当？能否成功？只有等到觉得对方确实很可靠、没有问题时，他们才贷款给他们。

记住：人格是一生最重要的资本。要明白，欠钱不还时，其实是在拿自己的人格来典当。

罗赛尔·赛奇说："成功的最大关键是要坚守信用。"一个人要想赢得他人的信任，一定要立下极大的决心，花费大量的时间，不断努力才能得偿所愿。

一次我去拜访一家大杂志的主编约翰·格林先生，询问他对人如何获得信用的看法。他说了以下几点：

> 首先，必须要具备良好的自我修养，善于克制自我，做事恳恳切切、认认真真，建立良好的声誉；并随时尽全力改正自己的缺点；行动要踏实可靠，做到言而有信，与人交易时必须诚实无欺——这是获得他人信任最重要的条件。

其次，一个青年人想要获得他人的信任，必须要证明他的确是一个判断敏锐、才学过人、富于实干的人，而他所要做的，就是把自己老老实实做出的成绩拿出来让人看。一个才能平平的人把多年的储蓄都拿来投资到事业上，固然是很好的事情。但如果他在某一方面有所专长，他给人留下的印象更不知道要好多少倍。因为在这样一个企业和职业都专业化的时代，一个无所专长又样样都懂一点的人，与那些在某一领域有所专长的人相比，总是缺乏竞争力的。所以，假如一个人身上有一笔最可靠的资本——在某一领域有所专长，那么无论他走到哪里，都会得到重视的。

最后，一个青年商人要想成功，更需要养成良好的习惯，这是一种最为可贵的资本。有良好习惯的商人远比那些沾染了各种恶习的人容易成功。世界上本来已有不少人快跨入成功的门槛，但是因为有一些不好的习惯，使得别人始终不敢对他抱以信任，他的事业因此而受阻于中途，没有办法再向前发展。那些沾染了各种恶习的人，大多自己是不太清楚的，但那些与他发生交往、产生业务往来的人却看得很清楚，因为他们最看重的就是这些问题。

通常，一个人的品格是通过他的习惯培养出来的。有些青年人原本品格优良，但后来因为沾染了一些恶习，结果再无出头之日。许多年轻人一开始对自己的习惯毫不在意，觉得那只是暂时的小事。但是，久而久之，他可能会因为一些恶习而为人所排挤，到时候他可能会懊悔起来，开始反思："没想到那样随便玩玩也会成为改不了的恶习。"但是，到那时再懊悔已经太迟了。

一个青年立志要获得成功，为了自己的前途想尽一切办法去抵制各种不良的诱惑，在任何诱惑面前都要坚定决心、不为所动。他必须永远善于自我克制：不饮酒，不参与赌博，不弄虚作假，不因为毫无意义的项目而举债，不去赛马场。他的娱乐项目应该是正当而有意义的。否则，只要稍动邪念，他自己的信用、品格和成功就会毁于一旦。如果去仔细分析一个人失败的原因，就会发现，大多数情况不外乎是因为那人有着种种不良的习惯。

那家杂志社的社长查尔斯·克拉克先生也对我说：

许多人正是凭借着别人对他的信任而取得成功的。但到今天，仍然有许多商人对于获得他人的信任一事漫不经心、不以为然，不肯在这方面花些心血和精力。这种人要想长久地发达下去，是根本不可能的，也许用不了多久就要失败。

我想用一句十分有把握的话去奉劝想在商业上有所作为的青年人：你应该随时随地地去加强你的信用。一个人要想使自己赢得信誉，并非心里想着就能实现，他一定要有坚定的决心，以努力奋斗去实现。只有实际的行动才能让梦想成真，也只有实际的行动才能让他收益颇丰。

其实，这是在告诉我们，要获得人们的信任，除了一个人人格方面的基础外，还需要实际的行动。任何一个青年人在刚跨入社会工作时，绝对不会无缘无故得到别人的信任。他必须发挥出所有的才干，在财力上建立坚固的基础，在事业上获得发展、有所成就。然后，他那优良的品行、美好的人格才会被人所发现，才会使人对他产生完全的信任，他才能走上成功之路。我们杂志社外派去采访社会名人的记者，他们最注意的不是那个成功者的生意是否兴隆、收入是否多，而是那个人是否还在为事业打拼，他的品格是否高贵，他的习惯是否良好，以及他创业成功的历史和奋斗历程。

大多数青年人都没能发现：越是细小的事情，越容易给人留下深刻的印象。比如，你向别人借钱后，到了约定日子无法还钱，你随口说过几天再还吧。即使对方的判断力不是很强，他也一定可以看出你是不是一个值得信任的人。

你或许会说：那位借给你钱的人有的是钱，过几天再还有什么不可以的呢？但是，你反过来想一想，这样一来你本身的信用就会大大受损了。

还有不少年轻人，平日里为人的确很诚实可靠，但他们有一个毛病，就是对任何事情都过于马虎大意，这样一来，自己的信用就在不知不觉中丧失了。比如，他们的银行存款明明已经不多，却还是开出了一张超额的支票，结果害得收款的人到银行去碰壁。假如这样做生意，那他还有什么信用可言呢？

一个精明能干的商人做起事来总能快速而高效，从不会显露出拖拖拉拉、行动缓慢的迹象，他们正是凭借着这种行之有效的手段走向成功的。他们订立合同后从不违约，也绝不会开出空头支票。他们明白，无论是树立信用还是生意成功都得慎之又慎，否则，一旦信用丧失，生意也就随之失败了。

要取得他人的信任，除了要有正直诚实的品格外，果断、正确的做事习惯也是必须要有的。假如做事不够果断，头脑不够清醒，缺乏敏捷的手腕和果断的决策能力，即使是一个资本雄厚的人，他的信用也还是不能长久的。

而一个人一旦失信于人，哪怕只是一次，别人下次再也不愿意和他交往或发生贸易往来了。他们宁肯去找其他人，也不想再与他合作，因为不守信用的合作伙伴可能会生出许多麻烦来。

一个有信用的人要使自己的信用破产，那是非常容易的事情。即使你多年来一直恪守着诚信，拥有有口皆碑的历史，但你从今天开始变得糊涂起来，不再用心处理事情，丢三落四，错误百出，这样过不了多长时间，就没有人再信任你了。

我们不要老是想着自己的成就、需要，而应该尽量去发现他人的优点，然后，不是逢迎而是出自真诚地去赞赏他们。要“真诚、慷慨地赞美”，而人们也会把你的话珍藏在心里，永不忘记。

真诚地赞赏他人

世间只有一种方法能够促使人自愿去做某些事。也许，你可以用枪威逼着他人，要他乖乖交出手表来；也可以用炒鱿鱼来威胁员工听你的话；还可用惩罚或威胁的办法使小孩子听从于你。但是，这些粗暴的办法只会导致极其不良的反应。而真正要他人主动情愿做事的唯一方法就是，给他想要的东西。那么，怎么知道一个人的需要呢？又如何满足呢？

按照弗洛伊德的说法，一个人做事的动机不外乎两点：性冲动和渴望伟大。美国著名哲学家约翰·杜威则有另一种说法，他认为，人类本质里最深远的驱动力就是“希望具有重要性”。这一点很重要。

那么，怎么知道一个人的需要呢？又如何满足呢？其实，一个人的所求并不多。但不可否认，有少数几样东西的确是你极希望拥有的。一般来讲，大部分人需要的东西包括：

健康的生命；

食物；

睡眠；

金钱和金钱可以买来的东西；

未来生活的保障；

性满足；

儿女的幸福；

被人重视的感觉。

以上这些需要只有一项不容易满足，而且人们对这项需要的渴求程度绝不亚于对食物和睡眠的需要，它就是弗洛伊德所说的“渴望伟大”，或是杜威所说的“希望具有重要性”。

林肯曾在信中写道："每一个人都喜欢受到他人的称赞。"威廉·詹姆斯也说过："人类本质里最殷切的需求是渴望被人肯定。"请注意，这里用的是"渴望"一词，并非希望、需要或者其他类似的字眼。

正是这种渴望不断地啃噬着人的心灵，使得少数懂得满足人类这种欲望的人，牢牢将他人掌握在手中。这种"希望具有重要性"的感觉，也是人类与禽兽最大的区别。

我的童年是在密苏里州的乡下度过的，父亲养了几只品种优良的红色大猪和一头血统优良的白牛。我们带着猪和牛参加美国中西部一带的家畜展览，并且获得了特等奖。父亲把特等奖蓝带别在一块白色软洋布上，见人便拿出来炫耀一番。

获奖的猪和牛倒没有什么特别的反应，但父亲却格外欢喜和珍惜这份荣耀，因为那让他感受到了"深具重要性"。如果我们的祖先没有这种"希望具有重要性"的渴望，就不会有当今的一切文明，我们同禽兽也不会有什么区别。

在这种渴望的驱动下，一位不曾受过教育、极度贫苦的杂货店员急切地从一只装满杂物的大木桶底下找出了那本曾花费他 5 角钱所买的法律书。你或许已经听说过这位杂货店员是谁，他就是林肯。

这种渴望促使狄更斯写下了不朽的作品；

这种渴望鼓舞克利斯多福·瑞爵士在石头上设计出诗篇，成为了英国著名建筑家；

这种渴望使洛克菲勒聚积了用之不尽的财富；

也是这种渴望，让你们镇上的有钱人建造了超出实际所需的大房子；

还是这种渴望，让你想要最时髦的服装、最先进的汽车，更要炫耀一下你聪明的孩子。

当然，这种渴望也驱使很多青年男女加入了不良帮派。以前担任过纽约市警察局局长的莫洛尼指出，很多年轻罪犯十分自负，他们被捕后的最大愿望就是想让自己的照片和那些运动健将、影视明星或政治人物的照片同时出现在报纸上，至于以后的牢狱生涯如何，似乎根本无所谓。

倘若你说出你是如何满足这种“具有重要性”的需要的，我就能告诉你，你是怎样的一个人。因为那决定了你的人格，是对你最具有意义的事。

例如，洛克菲勒让自己觉得“具有重要性”的方法，是捐钱在国外建立一所现代化医院，使那些穷人能够及时得到很好的救治。而狄令洛克让自己感到“具有重要性”的方法，是弃善从恶，成为抢劫银行的匪徒和杀手。在躲避美国联邦调查局的追捕时，他曾逃到密苏里州的一处农舍，并对着惊惶的农民说道：“我是狄令洛克!”——当时的他似乎并不惧怕人们知道他的身份而报警，却为自己成为第一号社会公敌的身份感到自豪，“我不会伤害你们，但是，你们要知道我就是狄令洛克!”

虽然洛克菲勒和狄令洛克采用的方式不一样，但有一点是相同的，那就是他们让自己感到“深具重要性”。

不但现代人如此，历史上这样的事例也屡见不鲜。美国首任总统乔治·华盛顿对别人称呼他“美国总统阁下”非常欢喜；哥伦布要求女王赐予“舰队总司令”的头衔；凯瑟琳女皇拒绝接收没有注明“女皇陛下”的信函；林肯夫人在白宫的时候，有一次对格兰特夫人咆哮道：“没有我的邀请，你居然敢出现在我的面前!”

拜尔德将军的南极大陆探险之旅有了几个百万富翁的资助才得以顺利实行，这其中的重要原因就在于那些冻封的山岭将会用他们的名字命名。作家雨果最热衷的莫过于希望有朝一日巴黎能改名为雨果市。甚至连著名的莎士比亚也不遗余力地为自己的家族获得一枚象征性的荣誉徽章。

为了引起他人的关注，有些人还用病痛的方式来达到目的。例如，美国第 25 任总统威廉·麦肯利的夫人，经常要求丈夫不理国家大事，只留在房里陪她，抚慰她入睡。有一次，因为修补牙齿，她坚持要丈夫留下来陪她。后来因为总统先生与国务卿海·约翰有约，不得不离开，夫人还为此狠狠地发了一回脾气。

有些专家认为，人的精神异常，是想在幻觉中寻求肯定自己的重要性。这在残酷的现实生活中是得不到的。全美因精神疾病导致的伤害，比其他疾病的总和还多。

虽然科学上还无法给出精神失常的确切原因。但是，我们知道有些疾病，比如梅毒，会损及脑细胞而造成精神异常。事实上，半数的精神疾病可归咎于生理因素，诸如脑部障碍、酒精、毒素和外伤等。

在病理检查中，有一个惊人的发现，那就是精神异常患者中约有一半的脑部器官没有病变，根据死后的验尸，假如把这些人的脑部组织放在显微镜下观察，这些组织绝对和正常人的脑部组织一样健康。那么，使这些人精神异常的原因究竟是什么呢?

有一位精神病医院的医师在精神病方面的研究很深入，有独特见解，我就这一问题请教于他，他很坦然地告诉我，他不知道为什么人的精神会变得异常，没有人能肯定地指出原因。但是这位医师指出，很多人之所以精神失常，最重要的一点便是由于不能在现实生活中获得“被肯定”的感觉，因而他们便到另一种世界去寻求。他告诉我这样一件事：

> 我的病人中有一位妇女，她的婚姻生活很不幸福。她所有的渴望就是得到丈夫的爱、性满足、孩子和社会地位。但是，现实生活摧毁了她所有的希望。她的丈夫并不爱她，甚至不愿同她一道吃饭，却又要她把饭菜送到楼上房间让他享用。她没有孩子，没有社会地位，于是她发疯了。在她的想象世界里，她与丈夫离了婚，恢复了本性。现在，她甚至想象自己同一位英国贵族结了婚，并坚持让别人称她为史密斯夫人。
>
> 她非常渴望自己有孩子，以致每天晚上她都想象自己有个小宝贝。每次我去看她的时候，她都说：“医生，我昨天生了个小宝贝。”
>
> 她的现实世界虽然给了她无情的打击，但是，在另一个充满阳光与神妙岛屿的世界里，她的梦幻之舟又再度扬帆驶进快乐的港湾。

> 对这个可怜的女人来说，这未尝不是件好事。医师告诉我："假使我真能矫正她的病状，我也不会去做的，因为她现在快乐多了。"

查理·夏布是一位成功的商人，他的年收入超过百万美元，这在全美也是屈指可数的。1921 年，安德鲁·卡内基独具慧眼，提名夏布为新成立的"美国钢铁公司"第一任总裁。夏布当时才 38 岁。后来他离开了"美国钢铁公司"，接管当时陷入困境的"贝氏拉罕钢铁公司"。经过他的重新部署，这家钢铁公司不久就成为全美获利最大的公司之一。

安德鲁之所以每年要花 100 万美元把夏布先生招至麾下，是看中了夏布先生对钢铁生产的丰富知识吗？夏布先生告诉我，在他手下工作的很多人对钢铁制造其实都懂得比他多。

夏布告诉我他之所以身价高，主要是因为他善于处理和管理人事。我问他怎样做到这一点，他跟我讲了下面这段话——这段话应该镌刻在铜板上，悬挂在每个家庭、学校、商店以及办公室里。只要我们按照这些话去做，就能使生活面貌大为改观。

> 我天生具有一般人所不具备的一种能力，那就是我知道如何引发起人们的热情。而促使人将自身能力发展到极限的最好办法，就是赞赏和鼓励。来自长辈或上司的批评，最容易丧失一个人的志气。我从不批评他人，我相信奖励是使人工作的原动力。所以，我喜欢赞美而讨厌吹毛求疵。如果说我喜欢什么，那就是真诚、慷慨地赞美别人。

夏布的成功就在于此，一般人是否也像夏布先生一样为人处世呢？恰恰相反，如果他们不喜欢一件事，必定会大吼大叫；如果喜欢，就沉默不吭声。就像俗语所说的："好事不出门，坏事传千里。"

夏布还说道："我曾经接触过世界各地不同阶层的人，我发现，不同社会地位、不同层次的人都有一个共同的特性，那就是在受到认可的情况下比在遭受指责的情形之下更能奋发工作，效果也更好。"

这同样是使安德鲁·卡内基制胜的法宝。在夏布眼中，卡内基不但常常在公共场合当着众人称赞他人，私下里也是这样做的。卡内基甚至在墓碑上也不会忘记恭维别人，他为自己所写的墓志铭是这样的："长眠于此地的人懂得在他的创业过程中起用比他自己更优秀的人。"

约翰·洛克菲勒也把真诚赞美他人列为管理人事的首要一条，让我们来看看他是如何做的。爱德华·贝德福特是洛克菲勒的合作伙伴。在南美的一次生意中，他使公司损失了100万美元。洛克菲勒当然可以指责贝德福特，但是他并没有这样做，他知道贝德福特已经尽力了——再说事情已经发生并且过去了。所以，洛克菲勒另找其他的事称赞贝德福特，说他节省了60%的投资金额。"你棒极了，"洛克菲勒称赞说，"我们并不能保证每件事情都不出错。"

我的剪报中有个小故事，虽说是个故事，但现实性很强，有必要讲给大家听听。

> 有个农妇辛辛苦苦劳动了一天，晚饭时，她拿出一大堆干草来款待同样劳动了一天的几个男人。愤怒的男人质问她是否发疯了，农妇答道："嘿，我怎么知道你们会在意呢？20年来，我一直做饭给你们吃，你们从不吭声，也从没告诉我你们并不吃干草啊！"

专家曾对离家出走的妇女做过细致的研究，结果发现她们出走的主要原因竟然皆是"没有人领情"。我想，离家出走的男人也大概是一样的理由。虽然我们也经常心里感谢另一半所付出的辛劳，却没有把心里的感激之情表达出来。

有这样一件事：一位主妇在接受了自我训练与提高的课程后，要求她的丈夫说让她更加完美的6种事项。她的丈夫说道：

> 我十分吃惊于她的这个要求，这完全出乎我的意料。坦白地说，要我举出6种事项再简单不过了——要知道，我太太可是能列出上千个希望我变得更好的事项。但是，

我没有这么做，我告诉她："让我想想看，明天早上再告诉你。"

第二天，我没有恋床，早早起来，打电话要花店送 6 朵红玫瑰给我太太，并且附上纸条写着："我想不出有哪 6 种事项希望你改变，我就喜欢你现在的样子。"

晚上下班的时候，你猜是谁等候在门口迎接我回家？没错，是我太太。她几乎含着眼泪等着我回家。没必要再说什么了，我很高兴没照她的请求趁机批评一番。

等礼拜天她再去听课时，把事情的原原本本讲给别人听，很多太太走过来告诉我："这真是我听到过的最善解人意的事。"我第一次对赞赏的力量有如此深的感悟。

在百老汇最有名气的歌舞剧家中，佛罗伦兹·齐格飞绝对算得上独树一帜，他独有的"使美国女孩增添光彩"的超绝能力多次把原本没有人愿意多看一眼的平凡女孩，变成光彩照人、风情万种的舞台明星。他深深知道赞美和信心的价值，常用殷勤、体贴的力量打动女士们的心，使她们相信自己确实美丽。他十分看重现实，把歌舞女郎的周薪由 30 美元提高到 175 美元；他也非常讲究浪漫，首演之夜，主要明星必定收到他的电话，此外，他还必送大大的红蔷薇给每个歌舞女郎。

受时尚的诱导，我坚持六天六夜不进食，其中的难过程度可想而知。不过，到了第六天晚上，已不像第二天晚上那么饥饿难熬了。你我都知道，假如让家人或雇员 6 天不进食，我们一定有犯罪感。但是，我们却经常对家人或雇员 6 天、6 星期，甚至 60 年都从不表示赞赏。这份精神惩罚要远比饥饿更为残忍。

赞赏在日常生活中也是十分必要的，但却常常被我们所忽视。有时候，儿女从学校带回一份好成绩单，我们忘了称赞他们；当孩子们第一次烤了一个蛋糕或做了一个鸟笼，我们也忘了鼓励他们。对孩子来说，父母的注意和赞赏是他们最为渴望和自豪的。

因此，如果你在餐馆里就餐时发现盘中的装饰很美观，不妨告诉厨师他们做得多好；当疲累的店员耐心地拿出货物给你看时，也别忘了称赞他们爱岗敬业。

当自己在演讲会上慷慨激昂、声嘶力竭发表完自己的讲演后，台下却一片漠然，听不到热烈的掌声和赞赏声，相信演讲人的内心会非常非常失望。同样的情形发生在办公室、店铺和工厂的员工，甚至我们的家人和朋友身上，他们也会有同样的感受，甚至加倍难受。别忘了一点，在人际交往中我们所接触的是人，他们都渴望被人赞赏。能够给他人带来欢乐，是做人一项必不可少的美德。

在日常的接触和交往中，绝不要吝啬那一两句真诚的赞美。这一点小火花会燃起友谊的火焰。当你再度来访时，会惊奇地发现它留下了多么美丽的痕迹。

讽刺挖苦、嘲弄别人都无法使别人改变，不会达到鼓舞人的效果。下面这则古老的格言，我剪下来贴在镜子上，每天都看它几次。

> 人的生命只有一次，所以，任何能贡献出来的好与善，我们都应现在就去做。不要迟缓，不要怠慢，因为你就活这么一次。

“我所遇到的每一个人，都可以称得上是我的老师，因为，在他身上，我或多或少都能学到东西。”爱迪生如是说。如果爱迪生都认为如此，那我们还有什么可供炫耀的呢？我们不要老是想着自己的成就、需要，而应该尽量去发现他人的优点，然后，不是逢迎而是出自真诚地去赞赏他们。要“真诚、慷慨地赞美”，而人们也会把你的话珍藏在心里，永不忘记。

> 人生这条道路，我们只能经过一次，我们应该力行善事。让我们现在就做，不要拖延，也不要轻视。因为，我们再也不能回到这条路上来。

第2章　利用人的欲望

一个人能够设身处地为别人着想、洞察别人的心理，就永远不必再为自己的前途担心。首先要做的，就是把握人们心中最迫切的欲求。如果能做到这点，就可以如鱼得水，取得成功了。

鲜奶油草莓是我最爱吃的食物，但每个钓鱼爱好者都知道，鱼儿不喜欢吃鲜奶油草莓，只吃小虫。因此，每次我去钓鱼，若想有收获，我不想我要吃什么，我想的是鱼儿喜欢吃什么。我用的诱饵都是小虫或蚱蜢，而非鲜奶油草莓。

首先，撩起对方的强烈欲望。能够充分做到这点的人就可以主宰一切，否则，将处处碰壁，独处一生。

在自己力所能及的范围之内，让一直困扰别人的事情得以解决，却是十分容易的。因为那是自己力量可以做到的事。对方也会因此而心怀感激，这样一来，你一定会有意料之外的人际关系，被介绍与别人相识的机会也就明显增多了。

任何只重视自己想要的想法都是幼稚的、不可思议的。固然，你感兴趣的是你所要的，你永远对自己所要的感兴趣。但别人并不对你所要的感兴趣，他们也跟你一样，只对他们自己所要的感兴趣。

想钓到鱼，鱼饵必须适合鱼的口味

我非常喜欢垂钓，每年夏天我都会到缅因州一带去钓鱼散心。鲜奶油草莓是我最爱吃的食物，但每个钓鱼爱好者都知道，鱼儿不喜欢吃鲜奶油草莓，只吃小虫。因此，每次我去钓鱼，若想有收获，我不想我要吃什么，我想的是鱼儿喜欢吃什么。我用的诱饵都是小虫或蚱蜢，而非鲜奶油草莓。

当你需要从别人那里获得需求时，为什么不借鉴这种方法呢?

英国首相劳埃德·乔治在“一战”期间就采用了这种做法。常常有人问他，当所有那些战时的领导人物——威尔森、奥兰多、克里蒙梭被踢开或遗忘时，他为何仍能大权在握。他回答说，如果他的出人头地有任何理由的话，可能是因为他早已学到：你要钓到什么样的鱼，就得用什么样的诱饵。

任何只重视自己想要的想法都是幼稚的、不可思议的。固然，你感兴趣的是你所要的，你永远对自己所要的感兴趣。但别人并不对你所要的感兴趣，他们也跟你一样，只对他们自己所要的感兴趣。

因此，利用他人强烈欲望的唯一方法就是，谈论他所要的，并告诉他怎样去得到。

这点很重要，以后当你再要求别人去做某件事时，比方说当你要求你儿子戒烟的时候，别跟他讲什么大道理，只需让他知道，抽烟会使他无法加入篮球队，或赢得短跑冠军。这是值得记住的一点，不论对方是小孩子，还是牛儿，或黑熊。

比方说，一次，爱默生和他的儿子试图把一只小牛赶入牛棚，但他们犯了一个一般人所犯的错误——只想到他们所要的：爱默生在后面推，他儿子在前面拉。但正如他们自己一样，这头小牛也只想它自己所要的，结果它蹬紧双腿，顽固地不肯离开原地。

他们父子的一举一动被一位爱尔兰女仆看到，她虽然不会著书立说，但至少在这一次，她比爱默生了解更多关于牛马的知识。她想到了那只小牛所要的，因此她把她的拇指放入小牛的口中，让小牛吮着手指，并顺利把它引入牛棚。

不知你意识到没有，从一降生开始，你的一切思想和行动皆是因为你有所需求。也许你会问：我那次为什么捐给红十字会 100 美元？因为你要助别人一臂之力，因为你要表现一种美好的、不自私的、神圣的行为。

如果你更看重 100 美元，也就不会有那次捐赠了。当然，你捐钱可能是因为你不好意思拒绝，或你的一名主顾请你这么做。但有一点是可以确定的，你捐赠是因为你渴望得到什么。

在极具启发性的《影响人类的行为》一书中，哈利·欧佛瑞这样写道：

> 行为发自我们的基本欲望……而我所能给予想劝导他人的人——不论是在商业界、家庭中、学校里、政治上——最好的一个忠告是：首先，撩起对方的强烈欲望。能够充分做到这点的人就可以主宰一切，否则，将处处碰壁，独处一生。

安德鲁·卡内基，那个曾为贫穷所苦恼的苏格兰少年，最初的工作每小时只有 2 美分，后来却捐出了 3.65 亿美元。他很早就懂得影响他人的唯一方法就是处处为人设想，看他们需要什么。卡内基只上了 4 年学，却深谙处世之道。

卡内基有两个侄子在耶鲁大学读书，常常忙得忘了写信回家，完全不理会家人的担心。安德鲁·卡内基同别人打了 100 美元的赌，说他可以要这两位侄子马上回信，虽然在他信里提也不提这一点。于是他写了一封闲话家常的信，末了还提到附上5美元钞票一张，送给他们当礼物。

当然，他忘了把钞票放进信封里。

很快回信就来了，两个侄子感谢“亲爱的安德鲁伯伯”，然后——下面的情况不用讲，你们也都知道了。

另外，还有个史坦·诺瓦克的例子。

诺瓦克先生住在俄亥俄州的克里夫兰，有天下班回家，看见最小的儿子吉姆躺在客厅地板上又哭又闹。原来吉姆第二天就要上幼儿园了，而他说什么也不愿意去。诺瓦克本能的反应是把孩子赶到房里，警告他最好乖乖上学去，因为他别无选择。但是，这晚他想到，这样并不能让儿子带着好心情去幼儿园。他想：“假如我是吉姆，什么东西会吸引我到学校去呢?”于是他和太太列出许多吉姆喜欢做的事，如画画、唱歌、结交新朋友等，然后付诸行动。

> 我们都到厨房的大桌子上用手指画画——我太太、另一个孩子鲍勃和我，都画得兴高采烈。果然没多久，吉姆也来瞧热闹了，并且要求加入我们的行列。“啊，不可以，你得先到幼儿园去学怎么画才行啊!”为了激起他更大的兴趣，我把刚才列在纸上的项目，逐一用他能够了解的话去打动他。当然最后告诉他，这些东西幼儿园里都有。第二天，我起了个大早，一下楼发现吉姆坐在客厅椅子上。“你在这里做什么?”我问。“我等着上学去啊！我可不想迟到。”通过全家人的努力，终于引起吉姆的渴望，这是威胁和争论所不能达到的效果。

明天，你也许有机会要求某人做某事。记住，在你开口之前，先停下来问自己：“我怎样才能让这个人想去做这件事?”

这一问题会让我们不至于过分急躁，不要只为了自己的需要而做徒劳无益的唠叨。

我曾向纽约某家饭店租用大厅，每一季用20个晚上，举办一系列的讲课。

在某一季开始的时候，这家饭店突然通知我，要我必须交付几乎比以前高出 3 倍的租金。我得到这个通知的时候，入场券早已分发下去，而且所有的通告都已经公布了。

从我这方面来讲，当然不愿意付这笔增加的租金。可跟饭店经理谈论我的需要是没有用的，他们只对他们所要的感兴趣。因此，几天之后，我去见饭店的经理。

“收到你的通知我感到很意外，”我说，“但是我根本不怪你。如果我是你，我也可能做出类似的决定。你身为饭店经理，有责任尽可能地使收入增加。如果你不这样做，你将被炒掉，而且应当被炒掉。现在，我们拿出一张纸来，把你在这件事可能得到的利弊列出来——如果你坚持加租决定的话。”

说完，我从公文包里取出一张纸，在中间画一条线分成两栏，分别标上“利”和“弊”。

我在“利”栏的下面写上：“大厅空出来”，并且说明：“比如你可以把它出租给别人开舞会或开大会。因为他们付给你的租金要比租给我做讲课场多得多。如果我把你的舞厅占用 20 个晚上来讲课，对你们当然是一笔不小的损失。”

“现在，我们再来看看弊的方面。首先，你不但不能从我这儿增加你的收入，反而会减少你的收入，甚至一点收入也没有，因为我无法支付你所要求的租金，我只能另选地方去开这些课。”

“另外，来这里听课的多数人都是受过教育、水准高的人。这对你是一个很好的宣传，不是吗？事实上，如果你花费 5000 美元在报纸上登广告的话，也无法像我的这些课程能吸引这么多的人来看看你的饭店。对不对？”

我边说边把这两点坏处写在“弊”栏里，然后把纸递给饭店的经理，说：“我希望你好好考虑你可能得到的利弊，明天通知我你的最终决定。”

第二天，我被通知租金只涨 50% 而不是 3 倍。

请注意，我自始至终都没有提到我想要的就得到了这个减租。

我一直都是在谈论对方所要的，以及他如何能得到他所要的。

如果当时我只想到自己想要的，不顾一切地冲进他的办公室，大声喊道："你这是什么意思，明明知道我的入场券已经印好，通知已经发出，却要增加我3倍的租金？这简直是无理取闹，我拒绝付钱！"

那结果会怎样呢？势必会引发一场激烈的唇舌之战——而你知道争论会有什么后果。甚至即使我使他相信他错了，他的自尊心也会阻止他屈服和让步。

亨利·福特说："如果说成功的人际关系有任何秘诀的话，首要的在于你要捕捉对方的需要；另外，看一件事须兼顾你和对方的不同立场。"

这句话所讲述的道理恐怕任何人都能够体会，但是世界上却仍有90%的人会在90%的时间里，忽视了其中的道理。

看看放在你办公桌上的信件吧，你就会发现，那些信件多数违反了这个常识。拿下面这封信来说，写信的是一家广播公司的无线电部门主管，他们的分公司遍布全美国。这封信发给全美各地的无线电台经理。（下面每个括号内写下的是我对每一段文字的第一反应。）

> 布兰克维尔印第安纳州
> 约翰·布兰克先生
> 亲爱的布兰克先生，
> 本公司希望保持在无线电界广告业务的主权地位。

（你的希望关我什么事，我只担心我自己的处境。银行正准备没收我的房子作抵押，蜀葵正在遭受虫害，昨天股票大跌，今天早上我误了9点钟的火车，昨天晚上钟斯家没有邀请我去跳舞，医生说我的血压过高、有神经炎、头皮太多。然后，又发生了什么呢？我今天早上一进办公室就心烦得很，打开我的信件，却读到纽约一个颇具影响力的人物，唠叨他的公司的什么希望。见鬼去吧！如果他能了解这封信将产生的坏影响，他就该辞职去当环卫工。）

那些无线电台是本公司广告业务的主要客户。每一年，本公司的营业额，都是名列前茅。

（你的公司再大、再富有又能怎么样，那只能代表你的公司，与我有什么相干。如果你不这么浅薄的话，你就应该明白我只关心我有多大而不是你有多大。你提到自己有多成功，这一切只使我觉得自己渺小和不重要。）

我们希望把有关无线电台的最新消息，提供给我们的客户。

（又是你希望！真是可恶。我才不管你有什么希望。我要干干脆脆地告诉你，我只对我的希望感兴趣，真该死，你却没有在你这封荒谬的信中提到一个字。）

因此，你可以把本公司列为你们报告每周消息的必要对象，注意，不要漏掉每一项对广告公司有利于在黄金时间插播广告的细节。

（嗬，好大的口气，你以为你是大公司就可以随便指使别人，而连一个请字也不说吗？这显然是在蔑视我的人格，混蛋！）

请即刻回信，告知我们你们最近的“活动”，将对彼此有益。

（你这个不知天高地厚的家伙，寄给我一封如此低级的复写信件还敢在我担心房子抵押、蜀葵和高血压的时候要我坐下来，亲自口述一封私人信件，告诉你收到你这封复写的信——而且你要我“即刻”回信。你这“即刻”是什么意思？难道你不知道我跟你一样忙碌——当然也许差一点，但既然我们是在谈这个问题，那我就要问问你，你有什么权力命令我做这做那的？……你说这件事将对“彼此有益”。终于，你开始看清了我的观点。但是到底有什么益处你却没有说清楚。）

无线电台部门经理约翰·布兰克诚恳地再启：所附上的《布兰克维尔日报》副本，对你有参考价值，如有必要，你可以在贵电台播放出来。

（啊，你终于提到了一项也许可以帮我解决一个问题的一件事。你为什么不在信的一开头就提到这点——但又有什么用呢？任何广告界的人犯了你这种毛病，脑袋一定有问题。你不需要写信来要一份我们的近况，你需要去医院做个脑电图。）

一个人如果立志在广告界创出一番成就，自认为可以毫不费力地劝说他人购买广告——假如他写出一封这样的信来，我们对屠夫、面包师傅、汽车机械修理者，还能期望什么呢？

下面是某家货运总站管理人员写给客户的一封信，我们来看看这封信对收件人到底会产生一种什么样的影响。

敬启者：

敝公司的卸货总站，因许多货物皆于傍晚时分到达，致使效率减低。大量的货物同时到达，会延迟某些货物的送达时间。贵公司于11月10日送来510件货物，皆于下午4点20分抵达。

我们恳请贵公司合作，克服因大量货物迟运而造成的种种困难。诚请贵公司早点送货，或是让部分货车在上午抵达，以便我们能尽早服务到位。

这样一来，由于卸货迅速，贵公司的作业必能在同一天内完成，不致迟延。这是一举多得的好事，敬请贵公司予以支持。

你最忠诚的JD管理人

作为收件人，奇瑞格公司业务经理爱德华·瓦米伦阅读此信后的看法是：

“这封信所收到的效果，跟本意正好完全相反，这封信一开始就描述货运公司的困难，一般来说，这不是我们感兴趣的。接着又请求我们给予合作，丝毫没有想到是否会对我们造成不便。然后在最后一段，终于提到如果我们早点送货的话，会使我们的卡车迅速开回，并且使我们的货物在送到的当天就可运送出去。换句话说，我们最感兴趣的在最后才提到，并且所产生的整体效果，只会是敌对，而不是合作的心理。”

把他人关心的问题置于最后，不但很难达到要求合作的效果，反而更容易导致他人的反感。

亨利·福特曾说：“捕捉对方的需要，站在对方的立场上去看一件事。”下面，重新试写一下这封信，虽然不一定是最好的写法，但已有很大进步。

亲爱的瓦米伦先生：

我非常感谢贵公司 14 年来对我们的信任和对生意的照顾。为此，我们愿意继续提供最迅速、最有效率的服务。

但是，在 11 月 10 日下午，由于贵公司的大批运货同时于午后到达，致使我们不能做最有效率的服务，因为尚有其他公司的运货也于此时送达。这样难免会造成拥挤，货车得等候较长的时间才能卸货，致使有些货物不能按时运送，我们对此深感遗憾。

为了尽可能避免此种情形再次发生，我们希望贵公司的货车能在上午抵达，这样便不会造成拥挤，货物能及时处理，我们的员工也可以按时下班，享受由贵公司生产的美味面条和通心粉。

当然，无论贵公司的货物何时到达，我们都会尽全力提供最迅速、最热诚的服务。

我们知道您很忙，请您不用急着回信。

你最忠诚的 JD 管理人

芭贝拉·安德生原本在纽约的一家银行任职，但为了儿子能有一个更为健康的身体，她准备迁往亚利桑那州凤凰市居住。于是她就用在我们班上学到的原则，给凤凰市的 12 家银行写了下面这封信。

敬启者：

本人在银行工作已有 10 年，经验丰富，对快速成长的贵银行很感兴趣。

本人曾在纽约银行的一家信托公司各部门工作，现已升为分部经理，熟悉银行各部门业务，包括与存户之关系、信用、贷款及行政。

本人决定于 5 月迁居凤凰市，深信能有助于贵银行之成长与获利。本人将于 4 月 5 日前后先期抵达凤凰市，如能蒙赐机会，使本人显示如何有助于贵银行达到目标，则不胜感激。

敬颂商祺！

芭贝拉·安德生

你估计安德生太太会收到几封回信？12 家银行之中有 11 家来信请她去面谈，足可以供她选择。为什么呢？安德生太太在信中并没有提及自己的需求，只是强调她能如何帮助他们，是着重他们的需要，而不是她自己的需要。

现如今，大多数疲于奔走的业务人员，之所以业绩平平，其中很重要的原因就是他们所想的一直是他们所要的。他们没有发觉，你或我都不想买任何东西。如果我们要买的话，我们自己会去买。但我们一直都想解决我们的问题。如果一位推销人员能让我们知道他的服务或商品将如何能帮助我们解决问题，他就不需要费时费力了，我们自然会买。顾客喜欢的是主动购买，并非被动购买。

但可惜的是，很多人干了一辈子推销工作，最终也不能认清应该从顾客利益出发来推销的道理。例如，我住在纽约中心的森林山庄，有一天，当我匆忙地赶到车站的时候，碰巧遇到一位搞房地产的人，他在长岛买卖房地产已多年。他对森林山庄很熟。因此我问他，我的水泥房子是不是以金属条或空心砖盖成的。他说他不知道，然后告诉我些我已经知道的信息！他说我可以打电话给森林公园园艺公会问个清楚。

次日一早，我收到他的一封信。他是否给了我所要的资料呢？其实他只需要花 1 分钟的时间打个电话，即可得到详细的答案。但他没打，他仍然在信中要我打电话给他，并且让我自己打电话去问，然后委托他替我办保险。

他只对帮助自己感兴趣，至于帮助我则需先提条件。

我应该给他读凡许梅的《热心捐赠的人》和《分享财富》，如果他看过这两本书，并学以致用的话，他所赚的钱将比代办我的保险多上 1000 倍。

亚拉巴马州伯明翰市的霍华·卢卡斯向我讲述了在同一家公司工作的两名推销员是如何处理同一类型事情的。

几年前，我曾担任一家小公司的高层主管。当时，我们公司附近有一家大型保险公司的地区分公司。他们按区域分配工作给他们的经纪人。负责我们这一区的有两个人，暂且称他们为卡尔和约翰。

一天上午，卡尔到我们办公室来，闲谈中提到他们公司刚刚设立了一个专门为高级职员保险的计划，他认为或许会对我们有好处，并且说在他了解了更多的细则之后会再来与我们共同商讨。

就在那天午后，我们用过午餐走在回公司的路上，约翰看到了我们，他大喊着说：“喂，朋友们，请等一等，我有好消息告诉你们。”他赶了上来，很兴奋地告诉我们，说他们公司就在那一天新设了一个专门为高级职员保险的计划（与卡尔闲聊中提出来的是同一计划），他要我们做

> 第一批保险者，并且还说："这种保险和过去的完全不同，我已经请总公司明天派一个人来做进一步的说明。现在还请各位签一下承保书以便有更多的资料供他作说明。"虽然我们还不知道这种保险的详细情形，但是他的热忱已经引起我们对这项保险的欲望和期待。等保险合约送到我们手中时，我们发现里面的内容完全符合约翰对这种保险的初步了解。最后，他不但签下了我们每一个人的保险单，还进一步将业绩翻了倍。
>
> 其实，这些业绩本可以是属于卡尔的，但他的表现不足以引起我们要参加这种保险的欲望。

专业人员也不免会犯类似的错误。几年前，我走进一位著名鼻喉科专家的诊所。他居然在检查我的扁桃腺之前就问我从事哪一行——他对我的扁桃腺大小并不感兴趣，他感兴趣的是我钱包的大小，是他能从我这儿得到多少利润。但结果呢，他什么也没能得到。我走出他的诊所，蔑视他没有人格。

如果你通过读一本书，从中领悟到能从别人的立场、角度去看问题，或做事情的益处，那么它可以很轻易地变成你事业中的一个里程碑。

准确了解并激发他人对某项事物迫切渴望的需要，并不是指要操纵这个人，使他做只对你有利而不利于他的某件事，应该是双方互利互惠，都得利益。就拿给瓦米伦先生的信来说，发信和收信双方都因为所建议的事情的执行而有收获。安德生太太的信使银行和她双方都得到收益，银行方面获得了一位有价值的工作人员，而安德生太太也得到了合适的工作。在约翰把保险卖给卢卡斯的例子中，双方也各有收益。

针对引起迫切渴望的需要这项原则的益处，让我们再来看一个由罗德岛瓦魏克市的麦克·魏登所提供的例子。他是壳牌石油公司的一名地区推销员。麦克希望成为他所属区域里业绩第一的地区推销员，可是有一处加油站却阻碍了他业绩的发展。这处加油站的经理是一位老者。麦克想尽办法仍不能使这位老人保持这个加油站的清洁，因此汽油销售量大为降低。

在多次的劝导和谈话仍不能奏效后，麦克决定邀请这位经理去参观其他地区内最新的一个壳牌加油站。

此次参观活动对这位经理的触动很大，当麦克再次去看他的时候，他的加油站已经清洁干净，而且销售量已经增加。这使麦克达成了区域内业绩第一的目标。他过去的谈话和讨论都没有收到效果，但是他引起了那位经理内心迫切渴望的需要，以及邀请那位经理去参观了现代加油站之后，他达到了他的目标，而那位经理也得到了好处。

一位大学生想劝使别人打篮球，而他的方法如下："我希望你们大家出来打打篮球。我喜欢打篮球，但最近总因人员不够而无法开赛。前天晚上，我们只有两三个人投篮，结果我的一只眼睛被打青了。我希望你们大家晚上都来打篮球。"

他有没有提到任何你想要的，你不愿去一个不受欢迎的体育馆，更不关心他想要的是什么，对不对？当然你无论如何也不想让自己的眼睛受伤，被打成乌黑眼。

再次重复哈利·欧佛瑞的那句忠告："首先，撩起对方的强烈欲望。能够充分做到这点的人就可以主宰一切，否则，将处处碰壁，独处一生。"

有一个小男孩，身体瘦弱，爱挑食。他的父亲采取的是一般人的方式，他开始苛责、唠叨："爸爸妈妈想让你长得又高又大，所以你应该吃这些东西。"

孩子会理会父母的心情吗？不，就像你对沙滩上的那些沙子一样不理会。

稍稍有些常识的人，都不可能期望一个 3 岁的小孩对 30 岁的父亲的观点有什么反应。但这正是那位父亲所期望的，真是荒谬可笑。他最后才意识到这点。于是他对自己说："究竟什么才是这个孩子真正想要的？我怎样才能使我和他想要的合而为一呢？"

他能这样想，事情就不难解决了。他的孩子有一部三轮脚踏车，他喜欢在家门口的人行道上骑来骑去。他家附近住着一个比他大的孩子，常把他拉下来，把脚踏车抢去骑。

当然，这个小男孩就哭叫着跑回去告诉他妈妈，她就会立刻出来，把那个大男孩拉下来，把自己的儿子再抱上脚踏车。这种事情几乎每天都在发生。

那么这个小男孩到底想要什么呢？当然是他的自尊、他的愤怒、他渴望得到重要人物的感觉——所有他最强烈的情感——驱使他采取报复，把那个大男孩的鼻子打扁。

当他父亲告诉他说，要想在将来的某一天把那个欺负他的大孩子打倒，就应该吃他母亲为他准备的食物，并向他保证了这一点，后来他就不再有偏食的毛病了。那个小孩开始愿意吃菠菜、泡白菜、鲭鱼及任何东西，以便快点长大，把那个时常羞辱他的小霸王痛揍一顿。

解决了一个难题之后，做父亲的又碰到了另一个难题：那个小孩有尿床的坏习惯。

他同祖母睡一张床。每天早上，他的祖母醒来，就会摸摸床单，说："你瞧，江尼，你昨天晚上又干了好事。"

他会说："不是我，是你干的。"

能想到的手段都用过了，可就是无法使他的床铺保持干燥，因此，做父母的就问："我们怎样才能使这个孩子停止尿床？"

那么，他想要的究竟是什么呢？

第一，他想像爸爸那样穿着睡衣睡觉，而不想再跟祖母穿一样的睡袍。祖母受够了他夜间的骚扰，因此，如果他不尿床的话，很乐意为他买一件睡衣。

第二，他想要有一张自己的床。祖母也不反对。于是，他母亲带他到布鲁克林的罗塞尔百货商店，对店员小姐眨眨眼，说："这位小先生要买点东西。"

店员小姐以一种询问大人一样的口气对他说："年轻人，我能拿些什么东西给你看看呢？"

他站在那儿，说："我要买一张属于我自己的床。"

于是，店员小姐在母亲的授意下给他介绍了一张他母亲看中的床，经过一番劝说，小男孩最终同意买下它。床在第二天送来了。那天晚上父亲回到家时，小男孩跑到门口叫起来："爸爸！快来看看我为我自己买的床。"

做父亲的仔细看了看那张床，遵守史考伯的训谕："诚于嘉许，宽于称道。"

"你会永远让它保持干燥，对不对？"做父亲的问。

这个小男孩重重地点了点头，并实现了自己的诺言——再也没有尿过一次床。

另一位父亲也是我的学员，是位电话技师，名叫达屈曼，他遇到的难题是无法使他 3 岁的女儿吃早餐。平常那套责骂、请求、诱哄的方式都没有用。因此他和妻子就问自己："我们怎样才能使她想吃早餐呢？"

模仿母亲，装小大人是这个女孩的特点。因此，一天早晨母亲便把她放在一张椅子上，让她做早餐。正当这时，做父亲的踱进厨房，而她正在搅动早餐食物，于是，她说："爸爸，你看，我今天早上做了自己的早餐。"

这天早上，没有任何一个人要求诱哄她吃早餐，她自己却主动吃了两碗麦片，因为她对麦片产生兴趣了。她得到了一种重要人物的感觉，她发现做早餐是一种自我表现的方法。

威廉·温特尔曾说过："自我表现是人类天性中最主要的因素。"为什么我们在做生意的时候，不能采取同样的做法？当我们有了一个巧妙的主意时，为何不让对方自己说出来，而不使对方认为是我们想到的？这样，他就会认为那是自己的智慧，他会很兴奋的。

别忘了："首先，撩起对方的强烈欲望。能够充分做到这点的人就可以主宰一切，否则，将处处碰壁，独处一生。"

如果想使自己变得优秀，想推销自己，或是想发展自己事业的话，首先，必须从"给予"开始做起。虽然它不是一件很简单的事，却是十分重要的。

人际关系从“给予”开始

我常常听到有人感叹地说：“那个人经常接受别人的帮助，可从来不见他帮助过任何人。”想想看，这样的一个人，能仗着自己的腰包或实力而建立良好的人际关系吗？能激发起别人帮助自己的欲望吗？

那些人际关系不好的人，无法拓展事业范围的人，或是无法使收益上涨的人，是他们对在自己工作上有所帮助的人缺乏诚意，还是只知依赖别人，无法恰当地表达自己的诚意呢？这些都是值得探讨的问题。

诸如这样的人，不抱着感激的态度，或是无法对有生意往来的人具有相当的号召力，只知一味地向人索取帮助，肯定是不会建立良好的人际关系、得到别人的主动帮助的。

因为如果想使自己变得优秀，想推销自己，或是想发展自己事业的话，首先，必须从“给予”开始做起。虽然它不是一件很简单的事，却是十分重要的。

利用自己的体力、金钱，或在百忙之中为了对方却装成很空闲的样子等，都是很难做到的事。但是你必须得明白，如果不这样做的话，将无法扩展人际关系，无法发展自己的事业，更不能得到别人的支持。

“建立良好的人际关系”“使帮自己的工作或事业做介绍的人越来越多”“自己的事业渐次成长”，这是我们每个人都希望得到的，但前提是，你必须先给对方以相当的帮助。然后以最近的工作和商务状况交换意见，再询问对方的看法和情况。也许数日后，可以为对方做出对他有所帮助的事。这不一定是怎样的大事。

因为，任何人都把最好的留给自己，至于别人的事，则等到有多余力量的时候再去考虑。

但这也是人们成与败、得与失的症结所在。

确切地将“对方想做什么”“对方有什么困境”等放在心上，然后再量力看看自己能给他提供怎样的帮助。

人毕竟是有感情的，接受了别人的帮助，必定会去回报对方。如此不就把别人的欲望激起来了吗?

是的，自己先采取主动，在可能的范围之内帮助别人，运用这个方法，不久之后，对方对自己也一定有相当的帮助。但是在自己力所能及的范围之内，让一直困扰别人的事情得以解决，却是十分容易的。因为那是自己力量可以做到的事。而对方也会因此而心怀感激，这样一来，你一定会有意料之外的人际关系，被介绍与别人相识的机会也就明显增多了。

总而言之，你非得从“给予”这件事情激发他人，以拓展自己的人际关系。

应该常去说说别人的好话，常去注意别人的好处，不要总是盯着别人不好的地方不放。

常常对他人的行为吹毛求疵，常常对别人行为上的失态冷嘲热讽——你该留意，这样的人大致是危险的人物，是不怎么可靠的，是绝对不会激起别人对他的欲望的。

尽管大量地给予他人以亲爱、同情、鼓励、扶助，然而那些东西，在我们本身是不会因“给予”而有所减少的；反而会由于给人越多，我们自己也越多。我们把亲爱、善意、同情、扶助给人越多，则我们所能收回的亲爱、善意、同情、扶助也就越多。

人生一世，所能得到的成绩和结果常常是很少的。此中原因，就是在亲爱和同情的给予上显然不够大方。我们不轻易给予他人以我们的亲爱、同情与扶助，因此，别人也以此种方式对待我们，以致我们也不能轻易获得他人的亲爱、同情与扶助。

几句温和的慰藉、亲热的同情、鼓励的话语都可以使一个人恢复勇气，而于日后成为世界闻名的演说家。

常常向别人说亲热的话，常常注意别人的好处，说别人的好话，能养成这种习惯是大有裨益的。人类的短处，就在彼此误解、彼此指责、彼此猜忌，我们总是依着他人的不好、缺憾、错误的地方而批评他人。假使人类能够减少或克服这种误解、指责、猜忌，能彼此相亲爱、同情、扶助，那么梦寐以求的欢乐世界，就不仅仅是一种梦想了。

对于大多数人而言，都是因为贪得无厌、自私自利的心理，以及无情、冷酷的商业行为之故，以致于目光被蒙蔽，只能看到别人身上的缺点，而看不到他们的优点。假使我们真能改变态度，不要总去指责他人的缺点，而多注意一些他们的好处，则于己于人均有益处。因为由于我们的发现，他人也能自觉到他们的好处，因此得到兴奋与自尊，从而更加努力。假使人们彼此间都有互助的精神，这种氛围一定可以使世界不再缺少爱和阳光。

世界上到处为那些无私的、肯爱人助人的人建立了纪念碑。这种纪念碑不一定是用大理石或铜雕铸的，但却是充满着无限情感的心灵之碑！

如果你善于帮助他人，必定会激起他人要帮助你的欲望，这样，你离成功便又进了一步。

不管是谁，如果想成为一个企业的领袖，或者在某项事业上取得巨大的成功，首要的条件是要有一种鉴别人才的眼光，可以识别出他人的优点，并利用他们的这些优点来帮助自己取得事业上的辉煌。

借助别人的力量

每个年轻人刚一踏入社会就要学习待人接物、结交朋友的方法，以便互相提携、互相促进、互相借重。否则，单枪匹马是很难取得成功的。

钢铁大王卡内基曾经亲自预先写好他自己的墓志铭：“长眠于此地的人懂得在他的创业过程中起用比他自己更优秀的人。”

大多数美国人总是善于观察别人，并吸纳一批才识过人的朋友来合作，激发共同的力量，这似乎已成为他们共有的特长。美国成功者最重要的、最宝贵的经验就在于此。

不管是谁，如果想成为一个企业的领袖，或者在某项事业上取得巨大的成功，首要的条件是要有一种鉴别人才的眼光，可以识别出他人的优点，并利用他们的这些优点来帮助自己取得事业上的辉煌。

一位商界著名人物也是银行界的领袖说过，他的成功得益于鉴别人才的眼力。这种眼力使得他可以把每一个职员都安排到恰当的位置上，并且他还努力使员工们知道他们所担任的位置对于整个事业的重大意义。这样一来，这些员工无须监督，就可以带着最饱满的工作热情把事情办得有条有理、十分妥当。

但是，鉴别人才的眼力并不是所有人都具备的。很多经营者之所以会失败，就是因为他们缺乏鉴别眼力，他们经常把工作分派给不适宜的人去做。他们本身尽管工作非常努力，但他们经常对能力平庸的人委以重任，却反而冷落了那些有真才实学的人，导致他们的才华无处施展。

其实，他们根本就不明白，一个所谓的干才，样样精通，很可能只是可以在某一方面比较出色。比如说，人们有时会把一个擅长写文章的人，看作一个干才，以为他从事管理工作也一定不错。但其实，一个人能否做一个合格的管理人员，与他是否会写文章是没什么关系的。他必须在分配资源、制订计划、安排工作、组织控制等方面有专门的技能，但这些技能未必是一个善写文章的人所能具备的。

世上成千上万的经商失败者，都坏在他们把许多不适宜的工作加在雇员的肩上，而不管他们是否胜任、是否愉快。我们不免要问，这样的安排，能调动起雇员的工作热情吗?

在管理上，一个善于用人、善于安排工作的人就会避免很多麻烦。他对于每个雇员的特长都了如指掌，会尽一切努力把他们安排在最适宜的位置上，使他们热爱这项工作。但那些不善于管理的人竟然常常忽视这种重要的方面，而总是为一些鸡毛蒜皮的小事忙个不停，这样的人怎么会不失败呢?

许多精明能干的总经理、大主管在办公室里几乎看不到他们，因为他们经常在外旅行或出去打球。但他们公司的营业丝毫未受不利的影响，公司的业务仍然像时钟的发条机制一样有条不紊地进行着。那么，他们为什么能做到这样省心呢？他们有什么管理秘诀呢？——没有别的秘诀，只有一条：他们善于把适宜的工作分配给最适宜的人，激发出他们最大的工作热情。

如果你所挑选的人与你的才能相当，那么你就会像用了两个人一样。如果你所挑选的人才，尽管职位在你之下，才能却超过你，那么你用人的水平就可算得上胜人一筹了。

这种事情是常有的，有很多雇员的办事能力比雇主要强，这些人只要机会一到，就立即能开创属于自己的事业。有很多本可以大建功业的人都是因为没有把握好机会，以致一生默默无闻。不少青年人刚开始工作就显示出惊人的才干和做事的能力，但后来因为有了家庭、拖儿带女，便不敢拿出全部的勇气，去像他们的老板那样搏击一番，开拓出一片新的天空——虽然他们也经常想：假如自己独立奋斗的话，所取得的成就一定会在老板之上。

这种推测是合乎情理的，有很多人之所以有惊人的发展，开创出伟大的事业，往往是因为他们受到过重创。比如，当美国的政治发生了重大变故、国内大乱、人民居无定所的时候，像林肯、格兰特、法拉格特、谢尔曼、李将军等人便挺身而出，受命于危难之际，挑起了国家的重任。如果那时美国国泰民安、气象平和，那么，这么多伟大人物即便有满腔的抱负，也只能在默默无闻中度过一生。

所以，或许现在美国有许许多多伟人正在沉睡着，也没有引起别人对他们的注意。但如果发生重大的变故，那么这些早已有所准备的人，便立即会挺身而出，去建立不朽的功勋。等到一切变乱平定，恢复平静后，他们便会退隐到原来的居所，去安度晚年。

当一个人被委以重任，同时又被上司所坚决信赖时，往往容易在艰难环境的压迫和求胜心的激励下，立志要使自己的工作做得非常出色，一定会将他所有的才识、能力施展出来，竭尽全力让上司满意。反之，如果上司给他安排的工作与他本身的才能志趣不合，同时上司还时时无理地干涉他、不肯完全信任他，那么他对自己的工作一定很灰心，还会觉得在目前的职务上一定不会有很大的发展。这样，他就只会天天听着上司的命令，按部就班地工作着，而无法把自己充分的才能完全用到工作上去。

其实，他们也清楚，自己虽然有成就大业的才干和力量，但因为得不到雇主的信赖，所以根本无法施展自己的才华。

我们都希望得到别人的赏识和承认，并愿意为之全力以赴。但是，这种赞美一定要出自真诚。没有人喜欢虚伪和谄媚之词。

制造奇迹的信函

我敢打赌，我知道你现在正想什么。或许你正对自己这样说："《制造奇迹的信函》？简直是信口开河，又是一篇卖膏药的广告罢了。"

假如你那样想，我也不会责怪你。如果在 15 年以前，我看到这样的一本书，我可能也会这样想的。你是不是在怀疑？是的，我喜欢那些怀疑的人。我这辈子的头 20 年都住在密苏里州，我喜欢那些凡事都要拿出证据来的人。人类社会几乎所有的思想进步，都是由那些喜欢怀疑、喜好发问、勇于挑战以及实事求是的人所推动的。

我们应该好好地想一想，这《制造奇迹的信函》的标题准确吗？

说实在话，这个标题并不准确。

实际上，这个标题把事实轻描淡写了。本篇所转载的一些信函，所获得的效果，被认为比奇迹还要神奇。是谁如此评断呢？这个人就是戴克，他是美国在推展营业方面最著名的人士之一，以前是约翰·蒙维尔公司的展业部经理，现在则是柯格特·鲍慕理公司的广告宣传部经理，以及全国广告业者协会的主席。

戴克先生说，过去他所发出去、要求经销商提供资料的信函，一般只能收到5% ~8%的回信。他认为，如果能收到15%的回信，就已经是非常好的结果了；如果能达到20%，他就会认为这简直是奇迹。

可是印在本篇的一封戴克的信，竟收到了42.2%的回信，换句话说，这封信比奇迹还多一倍。你可不能一笑置之。这封信所获得的效果，并不是偶然的。还有几十封别的信件，也获得了相同的效果。

戴克先生是如何做到的呢？下面就是戴克先生自己所做的解释："在我听了卡耐基先生所讲的有关'高效演讲技巧与人际关系'的课程以后，我所写出来的信马上就有了回响。这使我认识到过去写信的方式完全错了。我尝试去运用课程中所说的原则，结果我发出去索取资料的信件，所获得的效果就增加了5%到8%的效力。"

下面就是那封信。信中提到请求对方帮个小忙，使对方内心很舒服——这是一种使对方感觉受到重视的请求，自然让对方喜欢。（下面括号里面是我的评语。）

亲爱的布朗克先生：

眼下，我正面临一项难题，不知你是否愿意帮我解决？

（我们要认清情况。想想看，亚利桑那州的一位木材经销商，接到约翰·蒙维尔公司一位高级主管的信，在信的开头，这位纽约的高级主管竟要请他帮个忙。我可以想象，那位在亚利桑那州的经销商一定会对自己说："好的，如果这位纽约人真的有了什么困难，他算是找对人了。我永远是宽厚待人、助人为乐的。我们来看看他究竟有什么困难。"）

去年，我说服本公司，使本公司认清楚，我们的经销商为了增加他们翻修屋顶的业绩，最需要的是由本公司全部资助，展开一项全年度向客户直接写信介绍的活动，此举已获公司同意，已经开始实施了，想必你已经知道了吧?

(那位在亚利桑那州的经销商或许会说:“当然,他们应该支付这笔钱。大部分的利润都给他们吃去了,他们赚了几百万美元,而我只赚到一点零头,连付房租都不够……这位朋友的困难究竟是什么呢?”)

> 最近,我向1600位采用这函寄推销方法的经销商寄出了调查表,得到了好几百份的答复,显示他们非常喜欢这种合作的方式,并说非常有效。对于他们能够拨冗函复,我觉得荣幸之至。
>
> 为了更进一步拓展营业,我们最近再度展开此项活动,你一定喜欢。
>
> 但是,今天早上总经理召见了我,讨论有关去年活动的报告,总经理指示我,要对去年的营业情形做进一步的调查。因此,我必须向你请求帮助,来替我回答总经理。

(这是很好的几句话:“我必须向你请求帮助,来替我回答总经理。”在纽约的那位大人物说实话了,他真诚地承认约翰·蒙维尔公司在亚利桑那州的那位经销商地位的重要性。请注意,肯·戴克并没有把时间浪费在吹嘘他的公司是多么重要,他很快就表明他必须依靠对方。戴克承认,如果没有那位经销商的协助,他就没有办法向总经理汇报工作。在亚利桑那州的那位经销商既然是人,当然就喜欢听到这样的话。)

> 我期望你能帮我做的是:
>
> 1. 请在附上的邮卡上,将你认为是因去年直接函寄活动而获得的房顶工程以及翻修房顶工程的数目列下;
>
> 2. 请将它们的估计总值(根据全部成本,请力求正确)惠予明示。

如你能够这样做，给我这份资料的话，我将感激不尽。真诚地谢谢你的好意。

展业部经理肯·戴克敬上

（请注意，在最后一段他非常谦虚而轻微地说“我”，却称呼对方时十分强调地说“你”；还要注意他的称赞，意思那么宽厚：“将感激不尽”“谢谢你的好意”。）

这封信是不是很简单？它只是请对方帮了个小忙，可是确实产生了“神奇的功效”——让对方给予帮助，因为会使对方得到一种自重感。

不管你是出售海绵屋顶材料，还是乘一部福特汽车旅行欧洲，如果运用这种组织文字的方式，一定会非常有效。

为了更进一步说明，我再举一个例子。有一次，我和艾罗依乘汽车到法国内陆去旅行，迷失了方向。我们就停下老旧的 T 型福特车，向一群乡下人请教怎样才能到达下一个镇子。

这么一问，效果惊人，那些穿着木鞋的乡下人，认为所有的美国人都是有钱的。那里汽车又很少，简直是稀奇之物。美国人竟然乘汽车在法国旅游，于是他们认为我们必定是百万富翁，或许至少是“汽车大王”福特的堂兄弟。但他们却知道一些我们不知道的事情，尽管我们比他们有钱，但我们得毕恭毕敬地向他们请教到下一个市镇该走哪条路。这就使他们觉得自己非常重要，立刻七嘴八舌起来。有一个家伙为了这稀有的机会而兴奋得不得了，命令所有的人都不要讲话，他想独享为我们指路给他带来的愉悦。

你自己也试试这项原则吧。下一次你在一个陌生的城市迷了路，拦住一个经济和社会地位都低于你的人，向他请教说：“我不晓得能不能请你帮我一个小忙，告诉我怎样才能到某某地方？”

本杰明·富兰克林就曾采用这种方法，把一个刻薄的敌人变成了他一辈子的朋友。

富兰克林青年时期，他把所有的积蓄都投资在一家小印刷厂里。他又想办法使自己获选为费城州议会的文书办事员。这样一来，他就可以获得为议会印文件的工作。那样可以获利很多，因此他当然不愿意失去文书办事员的职务。可是出现了一个不利的情形：议会中最有钱又最能干的议员之一，非常不喜欢富兰克林。他不仅不喜欢富兰克林，还在各种公开演讲中中伤和毁谤他。

这种情形非常危险，因此，富兰克林决意要让那个人喜欢他。

但是这该怎么办呢？这是一项难题。给他的敌人一点点小惠？不可以，那样做也许会引起他的怀疑，或是遭到他的轻视。

富兰克林太聪明了，太老于世故了，不会弄出那样的窘境。因此，他采取了一个相反的办法，他去请求敌人给他帮一个小忙。

富兰克林并没有请求对方借给他 10 美元。没有！绝不是这样的！他所请求的，令对方觉得非常高兴——这个请求触动了他的虚荣心，使他有了自重感。这项请求，很巧妙地表示出富兰克林对对方的知识和成就的仰慕。

下面就是富兰克林对这件事的描述。

> 听说他的图书室里藏有一本非常稀奇而特殊的书。于是我就给他写一个便笺，表示我极欲一读为快，请求他把那本书借给我几天，好让我仔细地阅读一遍。
>
> 他马上叫人把那本书送来了。过了大约一个星期，我把那本书还给了他，还附上一封信，热切地表达了我的感谢之意。
>
> 当我们下次在议会里相遇的时候，他居然主动跟我打招呼，并且极为有礼，以前他可从来没有这样做过。自那以后，他随时乐意帮忙，于是我们变成很好的朋友，一直持续到他去世。

富兰克林去世已经快两百年了，而他所运用的心理办法，也就是请求别人帮忙的心理办法，至今对我们都大有借鉴意义。

例如，我的一位学生亚伯特 · 安塞尔，就是运用这个办法获得成功的。

安塞尔先生是铅管和暖气材料的推销商，多年以来，他一直想跟布鲁克林的某一位铅管包商做生意。那位铅管包商业务规模极大，信誉也出奇地好。但是安塞尔刚一开始就碰了一鼻子灰。

那位铅管包商是一位喜欢使别人窘迫的人，以粗线条、无情、刻薄而感到骄傲。他坐在办公桌的后面，嘴里衔着雪茄，每次安塞尔打开他办公室的门时，他就咆哮着说："我今天什么也不要！别耽误我的工夫和你的时间！滚开！"

后来，有一天，安塞尔先生试了一个新的方法，而这个方法，使得他和那位铅管包商建立起了生意上的关系，交上了朋友，并得到可观的订单。

当时，安塞尔的公司正在商谈，准备在长岛皇后新社区买一间新的公司。那位铅管包商对那个地方很熟悉，并且做了很多生意，因此那一次，当安塞尔去拜访他时，就说："先生，我今天不是来推销什么东西的。我是来请你帮忙的。你能不能抽出一点时间和我谈一谈？"

"我们的公司想在皇后新社区开一家公司，"安塞尔先生说，"你对那个地方了解的程度和住在那里的人一样，因此我来请教你对这点的看法。这是好呢，还是不好呢？"

情况有点不同啦！多年以来，那位包商以向推销商吼叫、命令他们走开而获得自重感，但是这位推销员却进来请教他的意见——一家大公司的推销员当然懂得他们应该做什么，却居然跑来请教他。

"坐下吧。"他说，并拉了一把椅子过来。接着有一个多小时，他详细地解说了皇后新社区铅管市场的特性和优点。他不但同意那个分公司的地点，而且，还把他的脑筋集中在购买产业、储备材料和开展营业等全盘方案上。他通过告诉一个批发铅管公司如何去展开业务，而得到一种自重感。从这件事谈起，他又将话题转移到了个人生活问题上。他开始变得和善了，并把家务的困难和夫妇不和的情形也向安塞尔先生倾诉一番。

"那天晚上当我离开的时候，"安塞尔先生说，"我不但口袋里装了一大笔初步的装备订单，而且也建立了巩固业务友谊的基础。这位过去常常吼骂我的家伙，现在常和我一块儿打高尔夫球。这个改变，都是因为我请他帮个小忙，而使他觉得有种重要人物的感觉。”

应牢记于心的是，我们都希望得到别人的赏识和承认，并愿意为之全力以赴。但是，这种赞美一定要出自真诚。没有人喜欢虚伪和谄媚之词。

我有必要再重复一次：运用本书所说的各项原则，如要奏效的话，必须出自真心。我不是在教给你们骗人的伎俩，而只是在谈一种新的生活方式。

如果你为工作付出的代价是值得的，你就要激励斗志，永不满足。不满可能是积极的或消极的，好的或坏的，这完全由你的心态来决定。

满足与快乐的心态

无论你做什么，身份如何——厂长或工人，律师或秘书，医师或护士，教师或学生，主妇或女工，你只有找到你工作中令你满足和快乐的地方，才能使你的激情展露得淋漓尽致。

你能找到，并且知道该如何去找。满足是一种心态，只有你的心态才是完全为你所有、完全为你所控制的东西。

如果你能做那些“自然而来的事情”，而你对这些事情又有天然的才能或爱好，那要找到令你满意的答案就非常容易了。而当你接受一项你并不喜爱的工作时，你很可能要经受心理或情绪上的挫折。不过，只要你能运用积极的心态，只要你能受到激励去获得经验，就一定会使你的工作变得熟练起来，从而缓解并最终战胜这种挫折。

阿赛姆是夏威夷王族的后代，他是某大公司设在夏威夷的办事处的销售经理。他具有积极的心态，他热爱他的工作，并在工作中找到了令他自己满意的地方。

阿赛姆接受自己的工作，因为他对他的工作非常了解并掌握了熟练的技能，这样做起事来就得心应手、应对自如了。当然，阿赛姆还是会遇到工作上的困难的。一个人如果对销售工作不加以研究、思考和计划，以便克服困难，并保持积极的心态，遇到这样的困难就会感到不安，所以阿赛姆把所有的空余时间，都用在阅读励志自助的书籍上。

阿赛姆过去通过阅读这样的书籍学到了3个很重要的原则：

第一，使用自我激励的警句，将自己的心态控制好。

第二，确立目标比没有目标更能使你易于认识那些能帮助你达到这个目标的事物。如果你具有积极的心态，就会制定出更高的奋斗目标，你也会取得更大的成就。

第三，要想取得成功，不管做什么事，都要清楚那些事情的发展规律，并了解如何应用这些规律，并且还要定期从事建设性的思考、研究、学习和计划。

阿赛姆相信并亲自实践了这些原则。他研究过他公司的销售手册，并且实践他在实际销售中所学到的东西。他给自己确定了最高目标，并为之竭尽全力。每天早晨他都对自己说：“我觉得健康！我觉得愉快！我觉得大有作为！”他的确健康、愉快和大有作为，而他的销售结果也让他十分满意。

当阿赛姆确信自己非常熟练于销售工作的时候，他就把一群售货员召集到自己的身边，把他所学到的经验传授给他们，并用他公司的训练手册中所提出的最新、最好的销售方法训练他们，让他们树立高销售目标，并用积极的心态去完成它。

每天早晨阿赛姆小组都要聚在一起热情地同声背诵：“我觉得健康！我觉得愉快！我觉得大有作为！”然后他们一起欢笑，互相击掌，祝福一天好运，然后各自去忙自己的工作，去完成他们当天的销售定额。他们每人都定了一个目标，目标之高，以致使美洲大陆上年龄较大、经验较丰富的销售员和销售经理都感到吃惊。

一到周末，所有的销售员都要递交一份销售报告，这使得阿赛姆的机构的总经理和销售经理都乐得连嘴都合不拢。

阿赛姆和他所领导的销售员真的非常愉快，真的对他们的工作非常满意吗？你可以相信这一点，其主要理由如下：

其一，他们对自己的工作已经非常熟练，他们了解和掌握自己工作的规律和技术，以及如何应用这些规律，所以他们做起事来总能得心应手；

其二，他们制定了明确的目标，而且相信目标一定能够实现。他们知道，只要用积极的心态去工作，就能实现预期的目的；

其三，他们能够应用自我激励警句，以便使积极的心态持续下去；

其四，他们能够享受随工作圆满完成而带来的快乐。

阿赛姆的同事里还有一位青年售货员，他使用阿赛姆的自我激励警句，以控制自己的心态。他是一名 18 岁的大学生，只在暑假期间到这家公司担任出售保险单的销售员。在两周的理论训练期间，他学到了不少东西，其中有：

1. 一位销售员在离开学校的前两周所养成的习惯，应在他的事业中保持不变；

2. 当你有了一个销售的目标时，你就要不断努力，直至这个目标实现；

3. 让自己不断进取；

4. 在你需要的时刻，要用诸如“我觉得健康！我觉得愉快！我觉得大有作为！”之类的自我激励警句，激励你自己朝着预定的方向努力向前。

在他有了一些销售经验以后，就定了一个特殊的目标——获奖。他要想做到这点，至少要在一周内销售 100 次才行。

到那个星期五的晚上，他已经成功地销售了 80 次，离一周的销售目标还差 20 次。这位年轻人下定决心一定要达到这个目标。他相信他所受到的教育：人的心理所能设想和相信的东西，人就能用积极的心态去获取它。虽然他那一组的另一名销售员在星期五就结束了一周的工作，但他在星期六的早晨又来到了工作岗位。

可是，到下午 3 点钟时，他还是没有做成一次买卖。他受过这样的教育：交易可能会发生在销售员的态度上，而不在销售员的希望上。

这时，他记起了阿赛姆的自励警句，热情地把它重复五次：“我觉得健康！我觉得愉快！我觉得大有作为！”

那天下午大约5点钟，他做了三次交易。这距他的目标只差17次了。他记起了，成功就是由那些肯努力的人所取得的，并为那些应用积极心态而不断努力的人所保持。他又热心地重复几次：“我觉得健康！我觉得愉快！我觉得大有作为！”

大约在那天夜里11点钟时，他很累，但他非常愉快：那天他做成了20次交易！他达成了他的目标，赢得了奖品，并学到“不断地努力能把失败转变为成功”这一真理。

正是积极的心态激励阿赛姆以及他所领导的销售员去发现他们工作中令人振奋的事情，正是受人控制的积极心态帮助这位年轻的学生获得了奖励。

你认真地观察一下自己周围那些喜爱他们工作的人和那些不喜爱他们工作的人。在他们中间有什么不同呢？

那些幸福而满意的人能控制他们的心态，他们积极地对待工作。他们总在找寻好的东西，当某种东西并不太好时，他们首先摸索是否能改进它。他们努力学习有关自己工作的知识，以便能更加熟练地掌握工作技能，从而使他们自己和雇主都对他们的工作感到满意。

但是，那些不愉快的人老是抓住他们的消极心态不放。真的，好像他们处于不愉快的精神状态里还心甘情愿。他们专门寻找他们该抱怨的每一样东西：营业时间太长、午餐时间太短，老板太执拗，公司没有给足够的假日或奖金。有时连一些不相干的事他们也抱怨。例如，舒西每天都穿同样的衣服，会计员约翰写的字不清楚。他们在工作上以及在生活中都是不愉快的人，他们的心态完全是消极的了。

能否发现工作中令人满意之处与所做的工作种类是没有关系的。如果你想有愉快和满意的心情，你就要把你的心态控制好，把你的法宝从消极心态的那一面翻转到积极心态的那一面，这样你就能够找到一些创造幸福的方式方法。

如果你能把幸福和热情带到你的工作环境中去，你就会做出少有的贡献。如果你能使你的工作饶有趣味，你就会用微笑和高效表达你对工作的满意。

在我们的一个学习班里，我们正在讨论一个人应当如何把他的热情倾注到工作中去，这时一位年轻的妇女在教室的后面举起手，她站起来说道：

“我是和我丈夫一起来这里的。你的话对于一个经商的人来说也许是对的，但是对于一个家庭主妇来说却无关紧要。你们男子每天都有有趣的新任务要做。但是你要知道，做家务劳动的烦恼是单调而乏味、令人厌烦的，这是没法与之相比的。”

对我们而言，这好像是一个真正的挑战。有许多人在做这种“单调而乏味”的工作。如果我们能够找到一种方法帮助这位太太，那么很多认为自己的工作是单调乏味的人就能从中获益了。

我们问她：“是什么东西使得你的工作如此‘单调乏味、令人厌烦’呢?”

她回答说：“我刚刚铺好床，床就又马上被弄乱了；刚刚洗好碗碟，碗碟就马上被用脏了；刚刚擦干净地板，地板就马上被弄得乱七八糟了。”她接着回答：“你刚刚做好这些事，马上就会被人弄得像是从来没有做过一样。”

我同情地说：“这多令人扫兴啊。有没有妇女喜欢家务劳动的?”

她说：“啊，有吧，我想应该是有的。”

我又问：“她们在家务劳动中是否发现什么使得她们感到有趣、保持热情的东西呢?”

少妇稍作思考之后回答道：“也许是态度吧。她们似乎并不认为她们的工作是禁锢，而似乎看见了超越日常工作的东西在里面。”

这就是问题的症结所在，工作满意的秘密之一就是，能“看见了超越日常工作的东西”。要知道你的工作是会见成效的。这句话是非常正确的，无论你是家庭主妇、秘书、油泵站的操作员，还是大公司的总经理，只要你把日常琐事看作前进的踏脚石，你就会从中找到令人满意的地方。每项琐事都是一块踏脚石，它通向你所要达到的目标。

于是，我们给这个青年主妇的答案便是要找到一个目标，这个目标正是她所要达到的，并且还要找到一种方法，使她的家务劳动能够通向这个目标。这位青年主妇自动提供了一个信息：她的愿望是带着她的全家周游世界。

“非常好，”我说，“就以这作为你的目标。现在，你要给自己规定一个时间。你想在什么时候实现这一目标?”

“当我们的孩子 12 岁时，”她说，“也就是 6 年以后。”

“好的，让我们分析一下需要采取的一些步骤。首先你需要筹措经费，这是一件事；还有，你的丈夫必须离开工作单位一年；你还必须制订一个旅行的计划，要研究你想旅游的国家。你试想你能找到一种方式，使得你的铺床、洗碗、做饭和擦地板都能成为你奔向这个目标的踏脚石吗?”

大概 3 个月之后，这位少妇又来看我们。当她一走进门，我们就明显地看出她为自己的成功而感到自豪。

她告诉我们：“太让人吃惊了，这种踏脚石的想法所起的作用真是好极了！我没有发现任何一样琐事不适合这个想法。我把我的洗涤时间作为思考和计划的时间。购物时间是扩大我视野的最好时间。我有选择性地购买进口食品，它们将是我们在旅游中要吃的食品。我还把吃饭的时间利用起来：如果我们要吃中国的鸡蛋面条，我就阅读我所能够找到的关于中国和中国人的读物。在吃饭时，我再告诉家人我学会了什么。”

“从此，家务事对我来说再也不是枯燥乏味的事情了。我知道，由于踏脚石理论，我的家务事也绝不会再像以前那样令人讨厌了!”

所以，你的工作不管有多么单调乏味或令人厌烦，如果你能看到，在这个工作的尽头就是你所向往的目标，那么这个工作就能给你带来满足与快乐。这种情况是各行各业中的很多人都会面临的。

一般来说，才能与工作种类并没有什么因果关系。一位很聪颖、雄心勃勃的青年人可能崛起于出售苏打水供应器、刷洗汽车或当清洁工等职业中。当然，这类工作并没给他提供挑战或激励，它仅仅是一种达到某种目的的手段。然而，因为他知道自己正一步步走向他所向往的目标，对他而言，工作也许很辛苦，但只要有助于他取得最终的成果，他就会满意地接受。

然而，有时一个人要付出足够大的代价，才能达到他所向往的目标。因为如果你对你的工作感到不愉快，这种不满的毒害就会扩散到你生活的各个方面，你要达到目标的难度势必会增加不少。

如果你为工作付出的代价是值得的，你就要激励斗志，永不满足。不满可能是积极的或消极的，好的或坏的，这完全由你的心态来决定。

富兰克林人寿保险公司前任总经理贝克说："我敦劝你们要永不满足。不满足的含义不是心灰意冷，而是上进心的不满足。这种不满足在全世界的历史中已经产生了许多真正的进步和改革。我希望你们不要满足。我希望你们永远迫切感到不仅需要改进和提高你们自己，而且需要改进和提高你们周围的世界。"

正是不满足激励着人们从弱者变成强者，从失败走向成功，从苦难走向幸福，从贫穷走向富裕。当你犯了错误时，你该如何去做呢？当事情出了问题时，当他人对你产生误会时，当你遭遇到失败时，当一切都似乎失去光泽时，当你的问题看起来好像不可能令人满意地解决时，你又应该如何去做呢？

难道你就一无是处，听凭困难把你压倒吗？难道你就束手无策，逃之夭夭吗？

面对困难你能激起斗志，把不利的条件转变为有利的条件吗？你知道自己需要什么吗？当你认识到你所向往的目标能够并将要实现时，你能应用切实而清醒的思考并积极地行动起来吗？

拿破仑·希尔说："每种逆境都包含等量的成功的种子。"你想想，在过去，有些事情似乎有巨大的困难或遭遇不幸的经历，它们却会鼓舞你取得成功和幸福。没有这些东西，你反而不会取得这种成功和幸福。你想想，这种情况难道不是事实吗？

永不满足是激励你取得成功的最大内驱力。爱因斯坦是不满足的，因为牛顿的定律不能解答他的所有问题。所以他不断地探究自然和高等数学，终于提出了相对论。根据这种理论，人们找到了击破原子的方法，懂得了质量与能量互相转换的关系，并成功征服了空间，解决了许多令人费解的问题。如果爱因斯坦没有这种永不满足的精神，怎么可能会取得这些成就呢？

当然，不可能人人都是爱因斯坦，我们的奋斗结果不一定能改变客观世界，但它却能改变我们的主观世界，使我们能沿着我们所要走的路奋勇向前。

一个人的个性、能力、才能在某一环境中能使你愉快并获得成功，而在另一个环境中产生的结果可能会完全相反。你有一种倾向：喜欢做好你所想做的事。当你做不称心的工作或从事自己不擅长、内心非常讨厌的工作时，你就像“圆凿方枘”。但在这种令你不愉快的情境中，你仍然能改变你的地位，把自己置于愉快的环境中。

或许改变你的个性和才能是不大可能的。那么，你可以调整一下你的环境，使之与你的个性、能力、才能相符合，使你愉快起来。当你做这件事时，你便是在把圆榫眼改方，也就是使环境得以改变，使其适合你的需要。如此一来，你将以积极的态度去解决你所碰到的各种问题。

如果你能够保持和发扬积极向上的愿望，那你旧的倾向和习惯就会得以改变，从而建立新的倾向和习惯。如果你能受到充分的激励，那你就能把方榫头改圆，也就能改变你自己。但是，你首先要能够面对你心理上或精神上的冲突，然后你才能成功地改变旧的倾向和习惯。如果你不怕付出代价，就一定会成功的。

在进行这种内心斗争的时候，为了不致失败，你要热诚、竭尽全力保持你的身心和道德上的健康。

第3章　做到让人喜欢

明天你所遇到的人中，会有四分之三渴望被人同情。给予他们同情，他们会因此而爱你。真诚地去关心他人，这不仅使得付出关心的人会得到相应的回报，而得到这种关心的人也会同样有所收获。

如果我们要交朋友，就要以高兴和热诚去迎接别人。当别人打电话给你的时候，就利用同样的心理学——说话的声音，要显出足够的热情和高兴来。纽约电话公司开了一门课，训练他们的接线生在说“请问你要拨几号”的时候，口气显出“早安，我很高兴为你服务”的意思来。我们明天接电话的时候，千万别忽略了这点。

要表示你的关切，必须像干其他事一样，要有诚挚的情感，这不仅使得付出关切的人有些成果，接受这种关切的人也是一样。它是使付出、接受关切者双方都受益的灵丹妙方。

有笑容的人在管理、教导、推销上都会得到意想不到的收获，更重要的是，还可以使下一代具有乐观的精神。有时候笑容比威风更能传达你的心意。

如果你要别人喜欢你，或是培养真正的友情，或是既要帮助别人又要帮助自己，就要对别人表现出诚挚的关切。

对他人诚挚地关切

为什么在结交朋友之前非要读这本书？为什么不研究有史以来世界上最伟大的结交朋友者的技巧呢？他是谁？其实你每天走在街上都可能碰到他。当你靠近他10英尺内的时候，他会开始摇尾巴。如果肯逗留片刻，抚摸他，拍拍他，他的心几乎就会从他的皮肤里跳出来，让你知道他是多么喜欢你。而且你知道他这种热情表示的后面，并没有隐秘不明的动机：他既不会图谋你的家产，也不会赖着与你结婚。

不知你是否想过这个问题：狗是唯一不必为三餐而工作的动物。母鸡必须生蛋；奶牛必须产奶；鹦鹉必须唱歌。但是狗只要给你友爱，它就有三餐可吃。

在我只有5岁的时候，我父亲花50美分买了一只小黄毛狗提比。它是我童年的快乐源泉。每天下午大约四点半的时候，它就坐在前廊，一旦它听到我的声音，或看到我摇荡着饭桶穿过矮林的时候，它就跳起来，上气不接下气地跑上山丘来迎接我，又跳又叫，高兴异常。

提比陪伴了我5年，后来，在一个雷雨交加的夜晚被雷电击死了。它的死是我孩提时代最大的、永远的伤痛。

提比从未读过有关心理学方面的书，它也不需要读。它凭直觉就知道，一个人只要对别人有诚意，在两个月之内，他所得到的朋友就能比一个要别人对他感兴趣的人在两年之内所交的朋友还要多。

我们都明白，许多人一生中都在处心积虑地想让别人对他们感兴趣。然而，他们的这种做法是错误的，别人是不会对你或是我感兴趣的，他们只对自己感兴趣——不论在一天的什么时候。

纽约的一家电话公司，对电话中的谈话做了一次调查，想找出哪一个词在电话中被提到的次数最多。你可能猜到了，这个词就是第一人称“我”。在 500 个电话记录中，这个词被使用了 3950 次。

当你观赏一张你也在内的团体照片时，你最先寻找的肯定是自己。

假若我们一味在别人面前表现自己，强迫别人对我们感兴趣的话，我们将永远不会有真实而诚挚的朋友。真正的朋友，用这种方法是得不到的。

拿破仑与约瑟芬最后一次见面时用的就是这种方法，他说：“约瑟芬，我是世界上有史以来最幸运的人。但是，在此刻，你是世界上我唯一能够依赖的人。”历史学家认为，他并不真的依赖她。

已过世的维也纳著名心理学家亚佛·亚德勒写过一本叫作《人生对你的意识》的书。他在这本书里写道：“对别人不感兴趣的人，他一生中的困难最多，对别人的伤害也最大。所有人类的失败，都出于这种人。”

我在纽约大学选修一门短篇小说写作的课程时，柯里尔杂志的主编曾到班上来给我们上课。他说，他拿起每天送到他桌上的数十篇小说，只要读过几段，就能感觉出作者是否有爱心。“如果作者不喜欢别人，”他说，“别人就不会喜欢他的小说。”

这位情绪化的主编，在讲授小说写作时曾多次停下来，为他的传授大道理而致歉。“我现在所告诉你们的，”他说，“其实和牧师所告诉你们的，是一样的东西。你需要记住的是，你必须对别人感兴趣，如果你要成为一名成功的小说家的话。”

倘若写小说是如此，那么，待人处世更应如此。

舒曼·海恩克夫人曾感慨万分地对我说，即使饥饿和伤心，即使生活中充满着这么多的悲剧，使她有一度差点杀死她自己和她的婴孩——即使有这么多不幸，她仍然一直唱下去，终于变成有史以来最卓越的华格纳歌唱者。而她也坦白地说，她成功的秘诀之一是对别人无限感兴趣。

宾夕法尼亚州北华伦城的乔治·戴克，因一条高速公路而被迫从他的事业上退休。没多久，退休的那种无聊日子就使他寂寞难耐，他开始拉他那把旧提琴来打发时间。然后，他又到各地去听音乐会，和一些技术高超的提琴家会面。他以虚心和蔼的态度，对每一位他遇见的提琴家，以及他们的背景产生了浓厚的兴趣。由此以一个默默无闻的音乐爱好者身份交了许多朋友。

不久，他开始参加各式各样的比赛。很快地，美国东部的乡村音乐迷就知道“乔治叔叔”这个人了——一位金苏阿郡的提琴家。当我们听到乔治叔叔的大名时，他已 72 岁了，而且仍然享受着他每一分钟的生命。由于持续对别人所产生的一种兴趣，当人人都认为他的时代已经过去时，他却为自己创造了一个新的生命。

而这也是西奥多·罗斯福异常受欢迎的秘诀之一，甚至他的仆人都喜爱他。他的那位黑人男仆詹姆斯·亚默斯写了一本关于他的书，取名为《西奥多·罗斯福，他仆人眼中的英雄》。在那本书中，亚默斯讲述了一个引人深思的故事。

> 有一次，我太太问总统关于一只鹑鸟的事。她从没有见过鹑鸟，于是他详细地给她描述了一番。没过多久，我们小屋的电话铃响了。（亚默斯和他太太住在牡蛎湾罗斯福家宅的一栋小屋内。）我太太拿起电话，原来是总统本人。他说，他打电话给她，是要告诉她，她窗口外面正好有一只鹑鸟，又说如果她往外看的话，可能看得到。他时常做出像这类的小事。每次他经过我们的小屋，即使他看不到我们，我们也会听到他轻声叫出：“呜，呜，呜，安妮!”或呼叫：“呜，呜，呜，詹姆斯!”这是他经过时一种友善的招呼。

仆人怎能不喜欢一个像他这样的主人？国民又怎能不喜欢他？

有一天，罗斯福到白宫去拜访，碰巧塔夫脱总统和他的太太不在。他真诚地喜欢卑微身份者的情形全表现出来了，因为他向所有的白宫旧仆人打招呼，都叫出名字来，甚至厨房的小妹也不例外。

当他见到厨房的欧巴桑·亚丽丝时，就问她是否还烘制玉米面包。亚丽丝回答他，她有时会为仆人烘制一些，但是楼上的人都不吃。

“他们的口味太差了，”罗斯福有些不平地说，“等我见到总统的时候，我会这样告诉他。”

亚丽丝端出一块玉米面包给他，他一面走到办公室去，一面吃，同时在经过园丁和工人的身旁时，还跟他们打招呼……

他对待每一个人，就同他以前一样。他们仍然彼此低语讨论这件事，而艾克胡福眼中含着泪说：“这是将近两年来我们唯一有过的快乐日子，我们中的任何人都不愿意把这个日子跟一张百元大钞交换。”

正是由于对别人的事情强烈地感兴趣，才使查尔斯·伊里特博士变成有史以来最成功的一位大学校长。从南北战争结束后一直到第一次世界大战的前5年，他一直担任哈佛大学的校长。请看伊里特博士是如何做事的。

有一天，一名大学一年级的学生克兰顿到校长室去申请50美元的学生贷款，这笔贷款获准了。“接着我感激万分地致谢一番，正要离去的时候，”克兰顿说，“伊里特校长说：‘请再坐会儿。’然后他令我惊奇地说：‘听说你在自己的房间里亲手做饭吃。我并不认为这有什么坏处，只要你所吃的食物有益于身体健康。我念大学的时候，也这样做过。你做过牛肉狮子头没有？如果没有我可以教给你。如果牛肉煮得够烂的话，就是道很好的菜，因为这一点也不浪费。’接着，他把做牛肉狮子头的方法教给了我。”

还有一件同样的事，一个似乎一点都不重要的人却帮了新泽西州强森公司的业务代表爱德华·西凯的大忙，使得他重新获得了一位代理商。“许多年前，”他回忆说，“在马萨诸塞地区，我为强森公司拜访了一位客户。这个经销商是卖药品的杂货店老板。每次到店里去，我总是先和卖冷饮的店员谈几分钟的话，然后再跟店主谈订单的事。有一天，我正要跟一位店主交谈，但他要我别烦他，他不想再买强森的产品了。因为他觉得强森公司都把活动集中在食品和折扣商店上，这对他们这种小杂货店造成了伤害。我夹着尾巴跑了，然后到城里逛了几小时。后来，我决定再回去，至少要跟他解释一下我们的立场。

“在我回去时，和平常一样，跟卖冷饮的店员都打了招呼。当我走向店主时，他向我笑了笑并欢迎我进去。之后，他又给了我比平常多两倍的订单。我很惊讶地望着他，问他在我刚走的几小时里发生了什么事。他指着站在冷饮机旁边的那个年轻人说，我走后，那个年轻人说：‘很少有推销员像他这样，到店里来还会费事地跟我和其他人打招呼。’他跟店主说，假如有人值得与他做生意的话，那就是我了。店主觉得也对，于是就继续做我的主顾。我永远都不会忘记，真心地对别人产生点兴趣，会是推销员最重要的品格——对任何人也是一样。”

我发现，一个人对别人真诚地感兴趣的话，就可以从即使是极忙碌的人那儿得到善意的合作。我来举例说明。

几年前，我在布鲁克林文理学院讲授小说写作时，我们希望邀请凯萨琳·诺理斯、凡妮·何斯特、伊达·塔贝尔、亚勃·特胡、鲁勃·休斯，以及其他忙碌的著名作家们到布鲁克林来，把他们的写作经验传授给我们。因此我们写信给他们，说明我们钦佩他们的作品，深切希望能得到他们的忠告以及获知他们成功的秘诀。

每封信都由大约150名学生亲笔签名。我们在信上写道：“我们知道你们很忙，可能没有时间准备演讲稿，因此，我们附上一串关于你们自己和写作方法的问题，请你们回答。”他们很喜欢我们的做法。谁会不喜欢呢？因此，他们从家里赶到布鲁克林来助我们一臂之力。

以同样的方法，我又使西奥多·罗斯福任内的财政部长李斯利萧、塔夫脱总统任内的首席检察官乔治·威克尔山、威廉·拜伦、富兰克林·罗斯福，以及许多其他的大人物到我的演讲班来，给学生们讲课。

假若我们想真心交朋友的话，我们就应该为别人做一些力所能及的事——做那些花时间、精力、诚心和思考的事。当温莎公爵还是威尔斯亲王的时候，他排好日程，要到南美旅行一趟，而在起程之前，为了能够用当地的语言发表演讲，他花了好几个月的时间学习西班牙语。

长期以来，我一直想办法打听朋友们的生日。怎样打听呢？虽然我一点也不相信星象学，但是我会先问对方，是否相信一个人的生辰跟一个人的个性和性情有关系，然后我再请他把他的生辰月日告诉我。举例来说，如果他说 11 月 24 日的话，我就一直对自己重复地念叨这个日子，等他一转身，我就把他的姓名和生日记录下来，事后再转记在一个生日本子上。在每一年的年初，我就把这些生日标明在我的日历上，因此它们能够自动地引起我的注意。到某人生日的这一天，就会收到我署名祝福的信或电报。他们是多么惊奇啊！我常常是世界上唯一记得他们生日的人。

如果我们要交朋友，就要以高兴和热诚去迎接别人。当别人打电话给你的时候，就利用同样的心理学——说话的声音，要显出足够的热情和高兴来。纽约电话公司开了一门课，训练他们的接线生在说“请问你要拨几号”的时候，口气显出“早安，我很高兴为你服务”的意思来。我们明天接电话的时候，千万别忽略了这点。

对别人显示你的兴趣，不但可以让你交到许多朋友，更可以增强你所属公司在客户心中的信任程度。在纽约，一家北美国家银行出版的刊物中，登载了一位存户梅得兰·罗丝黛的信。

> 我真挚地感谢贵行的职员。他们每一个人都是如此有礼、热心。在排了一长列的队之后，有位职员亲切地跟你打招呼，真是令人感到愉快。
>
> 去年，我母亲住医院 5 个月，贵行的一位职员玛依·派翠西萝非常关心我母亲的病情，还多次询问她的健康状况。

罗丝黛是否会继续和这家银行往来，实在是不用怀疑了。

纽约一家大银行的职员查尔斯·华特尔，奉命写一篇有关某公司的机密报告。他知道某一个人拥有他非常需要的资料。于是，华特尔先生去见那个人，那人是一家大工业公司的董事长。当华特尔先生走进董事长办公室时，一个年轻的妇女正告诉董事长，她今天没有什么邮票可给他。

“我儿子是个集邮迷。”董事长对华特尔解释说。

华特尔先生说明他的来意，开始提出问题。董事长却闪烁其词，不肯讲实话。华特尔费尽口舌，也无济于事。

“坦白说，我当时不知道该怎么办。”华特尔先生说，“接着，我想起他的秘书对他说的话——邮票，他儿子……我也想起我们银行的国外部门搜集邮票的事——从来自世界各地的信件上取下来的邮票。”

“第二天早上，我带上些珍稀邮票再去找他，传话进去，我有一些邮票要送给他的孩子。我是否很热诚地被带进去了呢？是的，老兄——即使他要竞选国会议员，跟我握手也不可能如此热忱。他满脸带着笑意，非常客气地说：‘我的乔治将会喜欢这张，还有这张！这一张是无价之宝。’”

“我们花了大量的时间谈论邮票，看他儿子的一张张照片，然后他又花了一个多小时，把我所想要知道的资料全都告诉我——我甚至都没提议他那么做。不仅如此，他还叫他的下属进来，问他们一些问题，然后又打电话给他的一些同行，把一些事实、数字、报告和信件，全都告诉我。用一位新闻记者的话来说，我收获颇丰。”

再看另一个例子：

费拉达尔菲亚的克纳弗，一直试着要把自己的煤推销给一家大的连锁公司。但是这家连锁公司一直从另一个镇上买煤，每天经过克纳弗的办公室却不进去。有一天，克纳弗先生在训练班上发表一段谈话，把连锁公司骂得体无完肤，说它们是美国的一个毒瘤。

我建议他采取不同的技巧。我采取的方法是：我们在班上分组辩论，题目是“连锁公司分布各处，对国家害多于益”。

我建议克纳弗站在否定的一边，他答应为连锁公司辩护，于是就跑到他痛恨的那家连锁公司，去会见一位高级职员。他说自己不是来这儿推销煤的，而是来找他帮忙的。他接着把辩论的事告诉他，说："因为我想不出还有谁比你更能提供我所需要的资料。我非常想赢得这场辩论。你的任何帮忙，我都会感激不尽。"

后来，克纳弗先生的故事以喜剧形式结束。

"我开始请他给我 1 分钟的时间。就是因为这个条件，他才答应接见我的。当我说明来意之后，他请我坐下来，我们不知不觉就谈了 1 小时又 47 分钟。此后他叫来一位曾写过一本有关连锁公司著作的高级职员进来畅谈，末了意犹未尽，他又写信给全国连锁组织公会，为我要了一份有关这方面的辩论文件。他觉得连锁公司对人类是一种真正的服务，他为自己所从事的事业感到骄傲。他说话的时候，眼睛闪闪发光。我必须承认，他使我看到了一些我以前连做梦都不会看到的事，他改变了我整个的想法。"

"结束谈话，他送我到门口，用手臂拥着我的肩膀，祝我辩论得胜，他还要求我把辩论的结果告诉他。最后他对我说：'请在春末的时候再来找我。我想从下一年度开始就买你的煤。'"

"太出人意料了，我一句话也没提出来，他居然主动要买我的煤。我在两小时中，因为对他和他的问题深深地感兴趣，比 10 年中我要使他对我和我的煤感兴趣所得到的收获要多得多。"

克纳弗先生并没有发现另一项新的真理。好久以前，在耶稣出生的 100 年前，一位著名的老罗马诗人西拉斯就曾经说："我们对别人感兴趣，也正是别人开始对我们感兴趣的时候。"

要表示你的关切，必须像干其他事一样，要有诚挚的情感，这不仅使付出关切的人有些成果，接受这种关切的人也是一样。它是使付出、接受关切者双方都受益的灵丹妙方。

在纽约长岛参加我们课程的马汀・金斯柏先生曾提到，一位护士给予他的关切，深深地影响了他的一生。

"那天是感恩节，我只有 10 岁，正因社会福利制度而住在一家市立医院，预定明天动一次大型手术。我知道以后几个月都是一些限制和痛苦了。我父亲已去世，我和我妈妈住在一个小公寓里，靠社会福利金维持生活。那天我妈妈刚好不能来看我。"

“那天，我完全被寂寞、失望、恐惧的感觉所压倒。我知道妈妈正在家里为我担心着，而且是孤零零的一个人，没人陪她吃饭，甚至没钱吃一顿感恩节晚餐。”

“眼泪在我的眼眶里打转，我把头埋进了枕头下面，暗自啜泣，全身都因痛苦而颤抖着。”

“一位年轻的实习护士听到我的哭声走过来，她把枕头从我头上拿开，拭去了我的眼泪。她跟我说，她非常寂寞，因为她必须在这天工作而无法跟家人在一起。她又问我愿不愿意和她共进晚餐，她拿了两盘东西进来，有火鸡片、马铃薯泥、草莓酱，还有冰激凌当甜点。她跟我聊天并试着抚平我的恐惧。虽然她本应4点就下班的，可她一直陪我到将近11点才走。她一直跟我玩，聊天，等到我睡了才离开。”

“10岁以前，我过了许多的感恩节，但这个感恩节永远不会消失，我还记得那沮丧、恐惧、孤寂的感觉，更记得那一切都因一个陌生人的温情变得若有若无了。”

如果你要别人喜欢你，或是培养真正的友情，或是既要帮助别人又要帮助自己，就要对别人表现出诚挚的关切。

笑容，是你传达诚意的信使；笑容，能照亮所有看到它的人。对那些整天都皱着眉头、愁容满面、麻木不仁的人来说，你的笑容就像穿过乌云的太阳。

给予他人微笑

在我曾经参加过的一次聚会上，一位获得了巨额遗产的贵妇人急切地想引起大家的注意，希望能给到会的人留下一个好印象。为此，她花了很多钱买黑貂皮大衣、钻石和珍珠饰品，但她对自己的面孔却不知如何打扮。她的表情尖酸刻薄，自私冷酷。她不明白每一位男人心中所想要的——一个女人的美好的表情，比她身上所穿的衣服更重要。

查尔斯·史考伯曾经说过，他的微笑价值100万美元。他虽然是在开玩笑时说的，但我知道他的性格、他的魅力、他那使别人喜欢他的才能，几乎是他卓越成功的整个原因。查尔斯·史考伯的性格中，最可爱的因素之一就是他那能打动一切人的微笑。

有些时候，行动要比语言的效力更大，也更显重大。微笑给人的暗示就是："我喜欢你，你使我快乐，我很高兴见到你。"

一个婴儿的微笑也会收到同样的效果。

不知你在医院的候诊室待过没有，你是否看过四周的病人和他们阴沉的脸？一位住在密苏里州雷顿市的兽医史蒂芬·史包尔博士提到，有一年的春天，他的候诊室里坐了六七位顾客，带着他们的宠物准备注射疫苗。当时没有一个人说话，他们想的都是如何尽快给自己的宠物注射疫苗。

后来，又进来一位女顾客，她带着她9个月大的孩子和一只小猫。幸运的是，他妈妈就坐在一位老先生的旁边，而这位老先生早就等得不耐烦了。这时他发觉，那个孩子正抬着头注视着他，并咧着嘴对他无邪地笑着。

这位老先生顿时心情舒畅，也对那个孩子笑了笑，然后他就跟这位女顾客聊起她的孩子和他的孙子来了。不一会儿，整个候诊室的人都相互聊起天来，气氛立即从乏味、僵硬变成了愉快。

当然，也有一种不真诚的狞笑，但那种笑骗不了任何人。我们知道那种笑是机械式的、最令人讨厌的。我所说的是一种真正的微笑，一种令人心情愉悦的微笑，一种发自内心的微笑，这种微笑才能赢得人们的欢心，在市场上卖个好价钱。

密歇根大学的心理学家詹姆士·麦克奈尔教授谈他对笑的看法时说：有笑容的人在管理、教导、推销上都会得到意想不到的收获，更重要的是，还可以使下一代具有乐观的精神。有时候笑容比威风更能传达你的心意。这就是在教学上要以鼓励代替处罚的原因所在。

纽约某大百货公司的人事经理告诉我，他宁愿雇用一名没有文化却有可爱笑容的女孩，也不愿雇用一个摆着扑克面孔的哲学博士。

笑的感染力是无穷的，虽然它本身并不能感知。遍布美国的电话公司有个项目叫“声音的威力”，提供使用者用电话来推销他的产品和服务。在此项业务中，电话公司建议用户在打电话时要保持笑容，但这个“笑容”是通过声音传达过去的。

俄亥俄州的辛辛那提一家电脑公司的经理向我们讲述了他是如何为一个很难填补的缺额找到了一个适当人选的。

“我为了替公司找一个电脑博士几乎要了我的命。最后我找到了一个非常好的人选，他刚从普渡大学毕业。几次电话交谈后，我了解到邀请他加盟的公司很多，与其他几家相比，我们公司是最小、知名度最低的。所以当我得知他选择了我们公司时真的兴奋极了。他开始上班时，我问他，为什么放弃其他的机会而选择我们公司。他停顿了一下，然后说：‘我想是因为其他公司的经理在电话里都是冷冰冰的，商业味很重，那使我觉得好像只是一次生意上的往来而已。但你的声音听起来却那么真诚、热切。你可以相信，我在听电话时是笑着的。’”

全美最大一家橡胶公司的董事长对我说，根据他的观察，一个人如果对自己的事业不感兴趣，那么他就很难获得成功。这位实业界的领袖，对那句单靠十年寒窗就可成名的古语，并不十分赞同。“我认识一些人，”他说，“他们成功了，因为他们创业之初满怀兴致。后来，我看到这些人变成工作的奴隶、挣钱的机器，使工作本身失去了原有的意义，因此他们又失败了。”

如果你面对别人时兴致勃勃、精神抖擞，那么别人一定也会愉快地与你相处。

我曾经鼓励无数的商人，要他们花一个星期的时间，每天 24 个小时都对别人微笑，然后再回来谈谈彼此的收获。后来，威廉·史坦哈写来一封信，他是纽约证券股票场外市场的一员。他的例子并不特别，但很典型。史坦哈在信上说：

> 我已经结婚 18 年了，在这段时间里，我在家里很少和我太太讲话，更不要说向她微笑，我是百老汇最苦闷的人。
>
> 既然你要我以微笑的经验发表一段谈话，我就决定试

一个礼拜看看。因此，第二天早上梳头的时候，我就对镜中满面愁容的自己说："威廉，今天你要一改阴沉的面容，微笑起来。从现在开始，微笑，一定要面带微笑。"于是当我坐下来吃早餐的时候，我微笑着跟我太太打招呼："早安，亲爱的。"

你猜她有什么反应？是的，她大吃一惊，有些糊涂，也有一些惊喜。我对她说，她从此以后可以把我这种态度看成惯常的事情。

我坚持这样做，已经有两个月了。这种做法改变了我的生活，在这两个月中，我们家所得到的幸福比过去许多年的总和还要多。

如今，每当我要去上班的时候，就会对大楼的电梯管理员微笑着说一声"早安"，然后我又微笑着跟大楼门口的警卫打招呼。当我需要换零钱的时候，我也对地下火车的出纳小姐微笑。当我站在交易所时，我开始用微笑面对每个人。

当我这样做时，我很快就发现，别人对我的态度也发生了改变。微笑给我带来了更多的收入，我的境况发生了翻天覆地的变化。

我的办公室是和另一个经纪人合用的，他是个很讨人喜欢的年轻职员。我告诉他最近我所学到的待人处世哲学，我很为所得到的结果而高兴。年轻人承认说，才开始相处时，他认为我是个非常不快乐的人，直到最近，他才改变看法。他说当我微笑的时候，样子非常慈祥。

我同时也改掉了批评他人的习惯。我现在只欣赏和赞美他人，而不蔑视和贬低他人。我开始停止发表尖刻的言论，我试着站在别人的立场上看问题。如此种种，真的改变了我的人生，彻底抛弃了从前的那个"黑色"的我，我成为了一个快乐的人。一个更富有的人——友谊和幸福两方面——才是真正的富有。

请注意，写这封信的是一位老练、足迹遍达世界各地的股票经纪人，他的职业是在纽约场外证券交易市场买卖证券。干这行非常艰难，成功率只有1%。

也许你不喜欢微笑，那也好办：强迫你自己微笑。如果你是单独一个人，强迫你自己吹口哨，或哼一曲，表现出你自己的轻松情绪，这就容易使你快乐了……

已故的哈佛大学著名教授威廉·詹姆斯说："表面上看，似乎是先有行动，后有感觉。其实，行动和感觉是并肩而行的。行动是在意志的直接控制之下，我们只能间接地控制不在意志直接控制之下的感觉。所以，当我们心情不好时，最好的改变方法就是让自己愉快起来，这样你就会渐渐真的愉快起来……"

地球上的每一个人都在追求幸福。然而，怎样才能得到幸福呢？只有控制你的思想才能得到。幸福并不是依靠外在的条件，而是依靠自己内心的状态。

决定一个人幸福与否，不在于你有什么，你是谁，你在什么地方，你正在做什么，而在于你怎么想。比如说，有两个人也许在同一个地方做同样的事，双方拥有等量的金钱和声望，但其中之一也许很难过，另一个却很快乐。为什么呢？就是因为两个人的心境不同、想法不同。

在酷热难耐的赤道附近，那些可怜的农奴用他们原始的农具耕作着。但是，在他们中间，我看到了许多快乐的脸孔。而这些快乐的脸孔同我在纽约、芝加哥、洛杉矶的冷气办公室里所看到过的一模一样。

"任何事情都没有绝对的好和坏，"莎士比亚说，"但思想却使其发生变化。"

林肯曾说："多数人的快乐，跟他们决心要获取的快乐大致一样。"我最近遇到的一件事，生动地验证了这句真理。

当时，我正要通过纽约长岛火车站的阶梯去站台，看见有三四十名拄着拐杖的男孩正挣扎着走上一级级阶梯，有个男孩还必须靠人抱才能上去。我对他们的笑声和快乐的心情感到非常吃惊。我向看护这些孩子的人寻求答案。“呵，是的，”他说，“当一个孩子发觉他一辈子已经残废时，最初会懊恼不已，但是，等他的悲伤消失之后，他就接受了自己的命运，于是就比一般正常的孩子们更快乐一点。”

听了他的话，我的崇敬之情油然而生，我觉得我有必要向那些孩子敬礼。他们给我上了生动的一课，我永远都不会忘记。

一个人独自在一个封闭的办公室里工作，不仅是寂寞而已，它还断绝了与公司其他人交朋友的机会。墨西哥瓜达拉加拉的西诺拉·玛利亚就处于这样一种工作境地。当她听到其他同事的聊天和笑声时，她真的很羡慕他们同事间的情谊。在她工作的第一个星期里，当她经过办公厅，从他们旁边经过时，她害羞得把头转了过去。

几个星期之后，她告诉自己：“玛利亚，你应该主动去接触他们，跟他们打招呼、交谈。”以后，她喝冷饮时，脸上总挂着最灿烂的微笑，并跟每一个遇到她的人说：“嗨，今天还好吧?”这个效果是直接的。笑容和招呼都回到了她身上。办公室里似乎明亮多了，工作气氛也似乎友善多了。彼此都会打招呼，有些更变成了朋友。她的工作和生活也变得更充实、更有意义了。

弗兰克·贝特格是美国保险界成功的推销员之一，他谈成功经验时说，他很多年前就发觉，一个面带微笑的人永远都会受欢迎。因此，在进入别人的办公室之前，他总是停下来片刻，调整一下自己的心情，展露出一个大大的、宽阔的、真诚的微笑，然后当微笑正浓、感觉最好时，走进去。

仔细阅读赫巴德这段贤明的忠告，相信它会给你一些启示。

> 每当你出门时，应该把下巴缩进来，头抬得高高的，让肺部充满空气，沐浴在阳光中；以微笑来招呼你的朋友，每一次握手都使出力量。不要担心被误解，不要浪费一分钟去想你的敌人。试着在心里肯定你所喜欢做的是什么；然后，在清楚的方向之下，你会径直地达到目标。只要你胸怀远大的理想，一直干着你喜欢干的事，当岁月消逝的时候，你会发现你抓住了所有的机会，正如珊瑚虫从

潮水中汲取所需要的营养一样。在心中想象着那个你希望成为的德才兼备的人，你的思想就在无形中使你成为那样的人。思想是至高无上的。保持一种正确的人生观——一种勇敢的、坦白的和愉快的态度。思想正确，就能爆发创造力。一切的事物都来自希望，而每一个诚恳的祈祷都会实现出来。我们心里想什么，就会变成什么。把下巴缩进来，把头部高高昂起。自己就是明天的希望。

古老的中华民族，是世界上最聪慧的民族，他们对自然界的一切事物都看得很透彻。他们有一则格言，我们都应该铭刻在心里。那则格言说："和气生财。"意思是说，带着微笑面孔做生意的人才能发财。一个没有微笑面孔的人，不能做生意。

笑容，是你传达诚意的信使；笑容，能照亮所有看到它的人。对那些整天都皱着眉头、愁容满面、麻木不仁的人来说，你的笑容就像穿过乌云的太阳。尤其对那些受到上司、客户、老师、父母或子女的压力的人，一个笑容能帮助他们化解心中的愁闷，能激起他们对美好生活的向往。

谈到做生意，弗兰克·尔文·弗莱奇在为欧本·海默和卡林公司制作的一则广告中，给我们提供了一些启示。

微笑，在圣诞节的价值

它不需要付出什么，但却创造了无数不凡的战绩。

它温暖了那些接受的人，而又不会使那些给予的人贫穷。

它产生在一刹那间，但却给人一种永恒的记忆。

没有人富得不需要它，也没有人穷得失去它。

它能在家中创造快乐，也能在商界建立好感，更能在朋友间构筑温馨。

它是疲倦者的港湾、沮丧者的希望、悲伤者的阳光，又是大自然最亮丽的色彩。

但它却无处可买，无处可求，无处可借，无处可偷，因为在你把它给予别人之前，根本没有什么实用的价值。

而假如在圣诞节最后一分钟的匆忙购物中，我们的店员累得无法给你一个微笑时，我们能请你留下一个微笑吗？

因为，那些不能给予微笑的人更需要微笑。

如果你要别人喜欢你，请记住一个人的姓名。对一个人来说，他的名字是任何语言中最甜蜜、最重要的声音。

牢记他人的名字

1898 年冬天，纽约的洛克兰郡发生了一场悲剧。有个小孩死了，邻居们正准备去参加葬礼。吉姆·法里走到马房，去拉他的马。当时，天气寒冷，地上积雪未化，空气凛冽。那匹马被关在马棚已经好几天了，当它被拉到水槽旁的时候，马掀蹄嘶鸣，不幸的是，猝不及防的吉姆·法里被踢死了。因此，那个星期在这个小镇上接连死去了两个人。

吉姆·法里留下了一个寡妇和 3 个孩子以及几百美元的保险金。他最大的儿子小吉姆，当时只有 10 岁，为了帮助家里，只好到一家砖场去运沙。他把沙倒入砖模后，再把砖转换方向，在太阳下晒干。因为工作，小吉姆一直没有机会接受更多的教育。但是由于有着爱尔兰血统，他有一种使别人喜欢他的才华，因此他顺利地走上了仕途。随着阅历的不断增加，他培养了一种记住别人姓名的超人本领。

小吉姆从来没有受过什么正规教育，但在他 46 岁之前，已有 4 所高等院校授予他荣誉学位，他还成为美国民主党全国委员会的主席，当上了美国邮政总局局长。

我向小吉姆·法里请教成功的秘诀，他说是“努力工作”的报酬。我认为他没有说出实质性的东西。

他反问我认为他成功的原因到底是什么，我回答："我知道你可以叫出1万人的名字。"

"你没说对，"他说，"我能叫出5万人的名字。"

不要小看这项能力，小吉姆·法里正是凭借它帮助富兰克林·罗斯福进入了白宫。

小吉姆·法里的这套本领是在为一家石膏公司到处推销产品的那几年，以及在他身为石点镇上一名公务员的那几年间，逐渐学会的。

学会这套本领并不复杂，每次他新认识一个人，就问清楚他的全名、他家的人口、他所从事的职业以及他的政治观点。他把这些资料全部记在脑海里。再次碰到那个人时，即使是在一年以后，他还是有办法拍拍对方的肩膀，询问他的太太和孩子以及他家后面的那些蜀葵。这套本领使他赢得了无数人的拥戴。

在罗斯福竞选总统活动展开之前的几个月，小吉姆·法里每天都写好几百封信，寄给西部和北部各州的人。然后他以火车、汽车、轻舟和马车代步，在短短的19天内，足迹踏遍了20个州，行程1.2万里。他每到一个地方，就跟他所认识的人一起吃午餐或早餐，喝茶或吃晚饭，跟他们做一番"肺腑之言的谈话"。然后，他又匆匆赶往下一站。

他回到东部后，又写信给每一个他到过的市镇，索取一份所有和他谈过话的人的名单。然后，他把这些名单整理出来，就有了数以万计的名字了。这些人先后都收到了一封小吉姆·法里的私函。那些信都以"亲爱的比尔"或"亲爱的杰恩"开头，结尾总是签上"吉姆"。

小吉姆·法里很早就发现了一个有趣的现象，即每个人对自己的名字都十分感兴趣。记住人家的名字，而且很轻易就叫出来，等于给予别人一个巧妙而有效的赞美。若是把人家的名字忘掉，或写错了，你就会处于一种无比尴尬的境地。

比如说，我有一次在巴黎开了一门公开演讲的课程，发出复印的信件，给所有住在该地的美国人。那些法国打字员显然不太熟悉英文，自然在打名字的时候很多都打错了。后来，巴黎一家大的美国银行的经理希德非常生气，他亲自写来一封信给予更正。

有时候，要记住一些不太好念的名字还真不容易，一般人都不愿意去记它，心里想着叫简单的小名算了。希德·李维拜访了一个名字非常难念的顾客——他叫尼古德玛斯·帕帕都拉斯。别人都只叫他“尼克”。李维告诉我们说：“在我拜访他之前，我特别用心地念了几遍他的名字。当我用全名称呼他‘早安，尼古德玛斯·帕帕都拉斯先生’时，他非常激动，竟有几分钟都没说话。最后，眼泪滚下他的双颊。他握住我的手说：‘他在这个国家生活了 15 年，我是第一个用全名称呼他的人。’”

安德鲁·卡内基成功的秘诀是什么呢？

他是闻名世界的钢铁大王，但他自己对钢铁制造却知之甚少。可以这样说，他手下的每一个人都比他更了解钢铁制造方面的知识。

他的卓越之处就是知道如何待人处世，这也是他发大财的原因。还在很小的时候，他就表现出组织才华和领导天赋。10 岁那年，他发现人们对自己的姓名看得惊人地重要。他便利用这项发现，去赢得别人的合作。

比方说，当他童年时代生活在苏格兰的时候，有一次，他抓到了一只母兔，继而又发现了一整窝的小兔子。他想喂它们，但又没有东西，于是他想了一个办法。他对附近的那些孩子们说，如果他们找到足够的苜蓿和蒲公英喂饱那些兔子，他就以他们的名字来为那些兔子命名。于是，那些孩子们十分积极地为小兔子们准备食物。

这个经验使卡内基终生难忘。

若干年之后，他在商业界同样利用这种人性的弱点，赚了好几百万美元。例如，他希望把钢铁轨道卖给宾夕法尼亚铁路公司，而艾格·汤姆森正担任该公司的董事长。因此，安德鲁·卡内基在匹兹堡建立了一座巨大的钢铁工厂，取名为“艾格·汤姆森钢铁工厂”。

卡内基用姓名的奥妙在和其他钢铁工厂斗智。当宾夕法尼亚铁路公司需要铁轨的时候，你猜艾格·汤姆森会去谁那儿买？西尔斯公司？不，不，你错了。他当然会买以自己名字命名的工厂的产品。

卡内基在做卧车生意时，他的竞争对手是乔治·普尔门，这时这位钢铁大王又想起了那个兔子的故事。

卡内基控制的中央交通公司，正在跟普尔门所控制的那家公司争生意。双方都拼命想得到联合太平洋铁路公司的生意，明争暗夺，大杀其价，以致毫无利润可言。卡内基和普尔门都到纽约去见联合太平洋的董事长。这天晚上，两个人在圣尼可斯饭店碰头了，卡内基说："晚安，普尔门先生，我们何必要和自己过不去?"

"什么意思?"普尔门瞪大了眼睛。

卡内基说出了自己的打算——把他们两家公司合并起来。他把合作而不互相竞争的好处说得天花乱坠。普尔门专注地倾听着，但他并没有立即接受，最后他问："这个新公司叫什么名字呢?"卡内基立即说："当然是普尔门皇宫卧车公司。"

普尔门的目光一亮。他把卡内基请到他的房间，进行了详细的讨论。这次讨论给美国的工业史增添了辉煌的一笔。

安德鲁·卡内基这种记住以及重视朋友和商业人士名字的方式，是他领导才能的秘诀之一。不仅如此，他还能叫出公司里无数员工的名字。他曾骄傲地说，在他担任主管的时候，他的钢铁厂从未发生过罢工事件。

德克萨斯州商业股份有限公司董事长班顿拉夫认为，公司越大，人们之间的感情就会越冷漠。他认为唯一能够使公司变得温暖一些的办法就是记住人们的名字。

加利福尼亚州洛克帕罗的凯伦·柯希，是一位环球航空公司的空服员。她经常练习记忆她机舱里旅客的名字，并在为他们服务时称呼他们。这使得她备受赞许，有直接告诉她的，也有跟公司说的。有位旅客曾写信给航空公司说："我好久没有搭环球航空的飞机了，但从现在起，一定要环球航空的飞机我才搭。你们让我觉得你们的航空公司好像是专属化了，而且这对我有很重要的意义。"

音乐大师彼德鲁斯用这种方法使那位普尔门列车上的黑人大厨觉得很重要，因为他称呼他"考柏先生"有15次。彼德鲁斯旅行美国，在各地热烈的听众面前表演。每一次他都占着一节私人车厢，在音乐会之后，那位大厨就替他准备好夜宵。在所有的那些岁月中，彼德鲁斯从来不曾以美国的传统方式称呼他为“乔治”，而总是以他那古老的正式方式称呼他“考柏先生”；而考柏先生当然也喜欢这样称呼他。

大家都这样重视自己的名字，甚至想不惜以任何代价使他们的名字永垂不朽。就是盛气凌人、脾气暴躁的 R. T. 巴南，也曾因为没有子嗣继承巴南这个姓氏而感到失望，以至于如果他的外孙 C. H. 西雷愿意称自己为“C. H. 巴南”的话，他情愿给他 3 万美元。

几百年以来，贵族和企业家都资助着艺术家、音乐家和作家，以求他们的作品能够为他们树碑立传。

图书馆和博物馆最有价值的收藏品，都来自那些想使自己的名字永载史册的人。纽约公共图书馆拥有亚斯都家族和李诺克斯家族的藏书。大都会博物馆永远保存着班吉明・亚特曼和 J. P. 摩根的签名。几乎每一座教堂都装上了彩色玻璃窗以纪念捐赠者。

很多人记不住别人的名字，那是因为他们不肯花必要的时间和精力去专心地、重复地、无声地把这些名字根植在他们的心中。他们往往为自己找借口说，自己太忙了。

也许他们真的很忙，忘了这件事，但他们根本不会比富兰克林・罗斯福更忙，而他却花时间去记忆，而又说得出每个人的名字，即使是他只见过一次的汽车机械师。

克莱斯勒公司曾为罗斯福先生特制了一部汽车。张伯伦和一位机械匠把车子送到白宫。张伯伦先生记叙了下面这样一个事件。

> 我教罗斯福总统如何驾驶一部附带许多不寻常零件的车子；他却教了我很多有关如何对待别人的艺术。
>
> 当我被召至白宫的时候，总统非常和气愉悦。他直呼我的名字，使我觉得非常亲切。给我印象最深的是，他对我告诉他的那些东西异常地感兴趣。那部汽车经过特殊的设计，是可以用手来操作的。很多人围在车子的四周参

观，罗斯福总统说："我认为这部车子设计得真是太棒了。你只要按一个钮，它就可以毫不费力开出去，真不简单——我不知道它是怎么会动的。我真希望有时间把它拆下来，看看它是怎么工作的。"

当罗斯福的朋友和助理在赞赏那部车子的时候，总统却在赞赏我的工作，他说："张伯伦先生，我真感激你为建造这部汽车所花的时间和精力。造得太棒了！"他赞赏冷却器、特殊的后镜和钟、特殊的前灯、专用椅套、开车者位置的坐姿，以及车厢里带有他姓名缩写字母的行李箱。总之，他注意到每一个我花过不少心思的细节。然后，他还特别把各项零件指给罗斯福太太、柏金斯小姐、劳工部长以及他的秘书们看。他最后还把那名年老的黑人司机叫进来，说："乔治，你别忘了照顾这些行李箱。"

驾驶课程结束后，总统抱歉地对我说："嗯，张伯伦先生，我已经让联邦储备委员会等待30分钟了。我想我该回办公室了。"

进白宫时，我带了一名机械师。我们抵达时，他就被介绍给罗斯福。他并没有和总统说过话，而罗斯福只听到他的名字一次。机械师是一个腼腆的人，他一直躲在角落里。但是，在离开我们之前，总统找到了机械师，握住他的手，叫着他的名字说："谢谢你到华府来！"他的感谢非常真挚，我可以感觉出来。

回到纽约之后，我收到一张罗斯福总统的签名照片以及一小段谢词，再度谢谢我的帮忙。他在百忙之中还注意这些细节，使我万分感动。

富兰克林·罗斯福运用的一个最单纯、最明显、最重要的赢得好感的方法，就是记住别人的姓名，使别人觉得重要——但我们有多少人这么做呢？

当我们被介绍给一个陌生人，聊上几分钟，说再见的时候，我们能够记住别人名字的人恐怕不多。

作为政治家所要学习的第一课是："记住选民的名字就是政治才能，记不住就是心不在焉。"

记住他人的姓名，在商业界和社交上的重要性，几乎跟在政治上是等同的。

拿破仑的侄儿——法国皇帝拿破仑三世，曾不无自豪地说，即使他日理万机，仍然能够记住每一个他所认识的人。

他的方法并不复杂。如果他没有听清对方的名字，就说："抱歉。我没有听清楚。"如果碰到一个不寻常的名字，他就问："怎么写?"

在谈话时，他会把那个名字反复地说几遍，而且一边说，一边在心中把它跟那个人的特征、表情和容貌联想在一起。

如果对方的身份比较重要，拿破仑就一直等到他旁边没有人时，把那个人的名字写在一张纸上，仔细瞧瞧，聚精会神地深深根植在自己的头脑里，然后把那张纸撕掉。通过说与写，他对那个名字就有了深刻的印象，想忘都忘不掉了。

这一切都需要时间，但爱默生说："好礼貌是要耗费一些精力才能做到的。"

如果你要别人喜欢你，请记住一个人的姓名。对一个人来说，他的名字是任何语言中最甜蜜、最重要的声音。

良好的仪表与良好的个人气质之间具有密切的联系。一个容忍自己穿着邋遢的人是不可能拥有良好的个人气质，也不会得到别人的喜欢的。

凭良好的仪表赢得好感

良好的仪表与良好的个人气质之间具有密切的联系。一个容忍自己穿着邋遢的人是不可能拥有良好的个人气质，也不会得到别人的喜欢的。

一般来说，一副好的仪表包括两个主要因素：一是洁净的身体；二是端庄合宜的衣饰。这两个方面是不可分割的。一个穿着整洁的人说明他特别注意自己的形象，而一个穿着邋遢的人是不会让人有好感的。

自我形象的展示首先是靠我们的肢体，一个人的内心状况是要通过外表来显现的。如果一个人忽视着装或者对外表漠不关心，他就给人留下一种不可爱，甚至令人生厌的印象，那么，由表及里，他的内心也是这样毫不可爱、令人生厌的。——这个结论是一条法则。

如果一个人忽视了仪表，他就不可能拥有整洁、健全与成功的工作和生活。一个不喜欢洗澡的年轻男士同样也会忽视他心灵的洁净，久而久之，他就会在堕落的道路上越走越远；一个不注重外表细节的年轻女士很快就会令人生厌，长此以往，她就会越陷越深，最终变成一个空虚、堕落的荡妇。像这样的人永远也不会为人所喜欢的。

整洁的仪表有利于个人自身的发展，而且也是一种美和社会道德的需要。每天我们都能看见很多人因为没达到这一点而给别人的印象大打折扣。我记得曾有一个非常有能耐的速记员因为没有洗干净自己的指甲而把工作丢掉了。我认识一个在一家大出版公司工作的人，他诚实而又聪明，却因没有刮胡子和刷牙而丢了饭碗。有一天，一位女士到一家商店去买一些丝带，但是她看见售货员的手很脏，于是她转身就去别家店买东西了。“那么精美的丝带，”她说，“怎么能用脏手碰呢?”当然，店主很快就发现他的店员不能给他带来兴隆生意的原因，于是，那个仪表的法则就无情地生效了。

需要注意的第一点是：要有好的仪表就要养成经常洗澡的习惯。每天洗澡可以保持洁净、健康的肌肤，如果不这样的话，身体健康就无从谈起了。

还有就是：正确护理头发、手和牙齿。这不需要花太多的时间，用一小块儿香皂，你就可以解决这些问题了。

当然，每天都需要梳头，如果天生就是油性发质，还需要经常用温水和比较可靠的洗发水洗头；如果是干性或者中性发质，清洗的间隔也不要过长。

修甲工具的价钱不是很高，几乎每个人买一套都不成问题。如果实在不能买一整套，那么你至少应该买一把锉刀（买一把大概需要 10 美分），这样你的指甲就能保持干净和平滑了。

保持健康的牙齿其实非常简单，但是与其他方面相比，能做到这一点的人却很少。我知道很多年轻男士和女士，他们对穿着是十分讲究的，一副仪表堂堂的样子，但是他们却忽略了他们的牙齿。他们不知道如果牙齿不卫生、不健康或者掉了门牙，就会给这个人的仪表造成特别坏的影响。还有什么比口臭更不礼貌呢？为了避免这样的事情发生，每个人都应该注意保护自己的牙齿。我们都知道，与有口臭的人待在一块儿是非常难受的，甚至是让人觉得恶心的。没有哪个雇主愿意找一个有口臭的职员、速记员或者其他什么雇员，而且他也肯定不愿意聘用一个掉了一两颗门牙的人。许多申请职位的人就是因为没有一副健康的牙齿而与自己喜欢的工作失之交臂。

对于我们每一个人来说，有关衣着的最好建议可以用一句话来概括："衣服不一定要多贵，但要优雅合身才行。"简单适宜的衣服也可以显得非常有魅力，非常讨人喜欢。而且现在有各种各样好而便宜的布料可供选择，所以大家都能够将自己好好打扮一下。如果你没有钱为自己买一套新西服的话，也不必为穿着旧衣服而觉得不好意思。你应该先尊重自己，这样，那些同样穿着旧衣服的人也会尊敬你。我们可能不可避免地要穿旧衣旧裤，但我们要是穿脏衣服的话，那是得不到任何人的喜欢的。无论是谁，即使再穷，也不应该穿又脏又皱的衣服或者满是泥浆的鞋。不管有多拮据，你也应该穿着优雅适宜的衣服。尽量维持好的仪容，总是着装整洁，保持自信和正直——这种意识将让你在逆境中获得力量和魅力，让别人尊敬你、喜欢你甚至崇拜你。

霍伯特·乌里兰本是长岛铁路上一名普通的路段工，可是昼夜之间他就被提拔为全纽约铁路委员会主席。在仪表这个问题上，他是最有发言权的。在一个有关如何获得成功的讲演中，他这样说："衣服不能决定一个人的命运，但是好的着装确实给很多人带来了工作机会。如果你手里有25美元，你希望找一份工作，那么，我建议你花20美元买一套衣服，花4美元买一双鞋，剩下的钱用来刮脸、理发和清洗衣领，然后你就可以去应聘了。我想要比你留着25美元却又着装褴褛要好得多。"

很多大企业都有规定，不雇用那些看起来满身污垢、衣着褴褛的人或者那些仪态不佳的人。芝加哥一家雇用了很多销售人员的零售商场的老板说："这种职位申请的规定是必须严格遵守的，申请者的人格魅力是一个最为关键的因素。"

一个申请职位的人到底拥有多少才干和价值，这可能并无太大关系，但是，他必须要重视自己的个人仪表。那些璞中之玉虽具有非凡价值，但是可能不为人所识而被扔弃；而那些晶莹剔透的玻璃就很容易被选中。有一些非常注重仪表的申请者可能拥有更大机会，而那些才干超过他们但却衣着随便的人倒是会被拒之门外。事实就是这样，即使他的能力不及那些被拒者，但也能够获得成功。

无论怎样，穿得好一点总是有益的吧。一方面，好的衣着如同一针兴奋剂，它能使我们的神经兴奋起来。几乎没有人可以不受他所在环境的影响，即使他非常镇定、意志力非常强。如果你半裸着躺在床上，让房间摆设杂乱无序，你会非常松懈，因为你并不需要也不愿意见到别人，但是你的服饰和环境也会很快影响你的心情：你的情绪就会低落，头脑也将和你的身体那样变得懒散、懈怠和漫不经心。另一方面，当你心情忧郁的时候，当你觉得身体有点不适并且不能去工作时，千万不要穿着你破旧的睡袍躺在被窝里，你可以好好洗个澡——如果条件允许，你可以来个蒸汽浴——然后，穿上你最漂亮的衣服，你就会感觉跟换了一个人似的。这个时候，那些忧郁的心情和你那种不舒服的感觉就会在转瞬间消失得无影无踪，你的整个生活也就大为改观了。

我讲着装的重要性，这样可以使别人对你产生好感，但并不是说你一定要像彼尤·布鲁梅尔（英国的一个花花公子）那样，每年都要花4000美元在服饰着装上，每天都要花一小时来打领结。过分迷恋着装比完全不在意着装更愚蠢。像彼尤·布鲁梅尔这样的人，已经坠入了迷恋服饰的深渊，已经把着装当作了负债，已经忽视了应该承担的对别人、对自己的义务，他把绝大多数醒着的时间都投入到了着装打扮上。但是，我认为着装对我们自己以及对我们的环境都有很大的影响，因此，我们应该根据环境要求与自己的风格进行着装。

事实上，服饰并不能造就一个人，但是，服饰确实在深深地影响着人的一生，影响着别人对你的看法，对此，恐怕我们谁都不曾想到过。普伦特斯·穆尔弗德曾说过，服装反映了一个民族的特征和气质。这句话并不为过，因为服装确实可以非常有效地刺激一个人的行为。例如，一个穿着褴褛的女人是不会被别人重视的，喜欢就更说不上了。不管她的脸和手是干净还是肮脏，不管她穿着什么样的鞋，她的一言一行总是受着外表着装的影响。假如她换了一个模样——穿上一身很体面的衣服，她将会有多大的改变啊！当然，她的头发也得装扮一下，这样才能与漂亮的衣服相宜；她的脸、手、指甲也应清理，因为她穿着的是多么整洁干净的衣服啊；她还应该换上一双比较体面的新鞋……这样，她就完全变样了！由于穿着整洁得体，人们便会尊重她、喜欢她，而这种尊重和喜欢是在她穿着又旧又脏的衣服时所不能得到的。

穿着整洁得体的人们会往往得到更多人的欣赏与信任。我们不妨换一身衣服，相信会使得自己更加自信，也给人耳目一新的感觉。那样的话，一定会有更多的人喜欢你，愿意和你交往，继而成为很好的朋友。

第4章　善于沟通交流

在人类行为中，有一条至为重要的法则，如果我们遵守它，就会万事亨通。事实上，假如我们遵守这条法则，将会得到无数的朋友，获得无穷无尽的快乐。这条法则就是："永远尊重别人，使对方获得自重感。"

善于谈话首先要注意倾听。只有你对别人感兴趣，别人才会对你感兴趣。谈话的技巧是问别人喜欢回答的问题，鼓励他谈论自己所取得的成就。始终要对他的思想、他的需要、他的问题，比对你的想法、你的需要、你的问题要感兴趣100倍。留意他脸上的嘴比注意非洲的40次地震还要多才行。

我们平时说到的个性并不是孤立的，而是融合在人群之中的。孤军奋战等同于自取灭亡。个体时代中，人人都以个性为核心，与别的个性竞争，要进行沟通是非常困难的，正因为如此，沟通就显得尤为重要了。将自己的个性融入人群中去吧，你的人生将会从此改变，变得更加绚烂！

假若你非常希望成为一个善于谈话的人，那你首先要做一个注意倾听的人。只有你对别人感兴趣，别人才会对你感兴趣。

学会倾听他人说话

我虽不会打纸牌，最近却应邀参加了一场纸牌会，恰好会上还有一名漂亮的女士也不会打纸牌，我们得以好好畅谈一番了。我在去汤姆士从事无线电事业之前，曾一度做过她的私人助理。她知道当时我曾到欧洲各地去旅行，帮助她预备要播发的讲解旅行的资料。因此她说："啊，卡耐基先生，你能给我讲一下你旅行过的地方见闻吗?"

当我们落座的时候，她告诉我她同她的丈夫最近刚从非洲旅行回来。

"非洲之旅!"我说，"我一直想去非洲感受一番，但除在阿尔及利亚停过24小时外，别的地方还没到过。听说你曾游历过野兽出没的乡间，是吗？多么幸运！真羡慕你！告诉我你的非洲之旅吧。"

她非常有兴致地开始了她的讲演。那次谈话我们进行了45分钟。她不再问我到过什么地方，看见过什么东西了；也不要听我谈论我的旅行，她所需要的不过是一个专心的静听者，使得她能扩大她的自我，展示自己的见闻。

在我们的日常生活中，许多人都和这位女士一样。

就比如我最近认识的一位名气很大的植物学家，我们是在一个纽约出版商格利伯的宴会上认识的，我觉得这位植物学家魅力极大。我坐在椅子上，静听他讲大麻、室内花园以及关于普通的马铃薯的惊人事实。当我对他的讲述有不懂的地方，向他提出疑问时，他总能热情地给予解答。

在宴会中，饭桌上还有十几位别的客人在那里，但我违反了全部礼节的定例，忽略了其他人，只与这位植物学家谈了数小时之久。

午夜时分，客人纷纷道别离去，这位植物学家转向主人，当面称颂我，还说我是一个“最有趣的谈话家”。

这个称号使我半天不能适应，因为我几乎没有说什么话。即使要我说，我也不知道说什么好，因为我对于植物学所知道的不会比对企鹅的解剖学多。但我做到了一点：注意静听，哪怕我对那些并不感兴趣。他对我的态度非常欣赏。静听是我们对任何人的一种最好的恭维。

伍德福德在他的《相爱的人》中写道：“很少有人能拒绝那种隐藏于专心倾听中的恭维。”而我比专心致志还要更进一步。我这是“诚于嘉许，宽于称道”。

我告诉这位植物学家，我已经得到了极其周到的款待和指导——我确实感到如此；我告诉他，我真的希望自己能有他的知识——我也确实希望如此；我告诉他，希望和他一起去田野中漫游——我真的希望是这样；我还告诉他，我必须再见到他——我真的必须再见到他。

就因为这样，使这位植物学家认为我是一个善于谈话的人。可是说实话，我不过是一个善于倾听的人，并鼓励他谈话而已。

商业会谈能够成功的秘诀是什么？以注重实际著称的学者以利亚说：“关于成功的商业交往，没有什么神秘——把注意力汇集到讲话的人身上。没有别的东西会这样使人开心。”

蕴含其中的道理无须深究，十分明显，你不必在哈佛读上4年书才发觉这一点。但你也应该了解，有的商人租用豪华的店面，陈设动人的橱窗，为广告花费千百美元，然后雇用一些不会静听他人讲话的店员——中止顾客谈话、反驳他们、激怒他们，甚至几乎要将客人驱出店门。可他们却不明白生意不能兴旺的原因。

我班中的学员乌顿给我们讲述过这样一个故事：

他在新泽西州靠近大海的纽瓦克市的一家百货商店买了一套衣服。这套衣服质量很差：上衣褪色，将他的衬衫领子都染黑了。

他将这套衣服带回该店，找到卖给他衣服的店员，告诉他有关的情况。这个店员不客气地告诉他：“我们已经卖出了数千套此种衣服，你是第一个来挑剔的人。”

这是他所说的话，而他说话的声调听起来比这更让人难以接受。他那充满火药味的声音好像在说：“你说谎。你想欺负我们，是不是？好，我要给你点颜色看看。”

正在激烈辩论的时候，另外一个店员又加入了进来。“所有黑色衣服最初都要褪一点颜色，那是没有办法的。这种价钱的衣服就是这样，那是颜料的关系。”

“当时把我气蒙了，”乌顿先生讲述了他的经过说，“第一个店员怀疑我的诚实，第二个暗示我买了一件便宜货。我恼怒起来，正要骂他们，售货部的经理过来了，他知道他的职责。正是他使我的态度完全改变了。他将一个恼怒的人变成了一位满意的顾客。他是这样做的：首先，他从头至尾倾听我的话，不说一个字。”

“其次，在我讲话的时候，店员们又想要插话发表他们的意见，他站在我的观点一方与他们辩论；他不但指出我的领子是明显被衣服所染污的，并且坚持说，不能令人满意的东西，就不应由店里出售。”

“最后，他承认他不了解出毛病的原因，并征求我的意见：‘你要我怎样处理这套衣服呢？对你的要求，我们一定照办。’”

“仅在几分钟以前，我还预备要退掉那套可恶的衣服。但我如今回答说：‘我只要你的建议，我要了解这种情形是否是暂时的，是否有什么办法解决。’”

“他建议我将这套衣服再试穿一个星期。‘假如到那时仍不满意，’他说，‘请你拿来由我们给你换一套满意的。由此给你造成的不方便，我们特别抱歉。’”

“我满意地离开了这家商店。一星期后，这衣服没有再出现褪色的情况，我对于那家商店的信任也就完全恢复了。”

喜欢挑剔的人，包括那些最激烈的批评者，往往会在一个忍耐、同情的静听者跟前软化降服。这位倾听者即使在气愤的寻衅者像一条大毒蛇张开嘴巴吐出毒物一样的时候，也要忍耐。

有一个粗暴的顾客，数年前曾屡屡咒骂纽约电话公司的接线生，他恐吓要拆毁电话，他拒绝支付他认为不合理的费用；他写信给报社，还向公众服务委员会提出申诉；他还使电话公司引起数起诉讼。

后来，公司派出一位最富技巧的“调解员”去访问这位恶毒的顾客。这位“调解员”安静地听着，并对其表示同情，让这位好争论的老先生发泄他的大篇牢骚。

“他激愤不已不停地说着，边说边打着可以帮助他发泄的手势。相反，我却静静地听着他满腹怨言。”这位“调解员”叙述道，“以后我再到他那里，继续听他发牢骚，我共访问他 4 次。在第四次访问完毕以前，我已成为他正在创办的一个组织的会员，他称之为‘电话用户保障会’。我至今仍没有申请退出。可笑的是，据我所知，除老先生以外，这个协会只有我一个会员。”

“在每次访问中，我都以倾听为主，并且同情他所说的任何一点。我从未像电话公司其他人那样同他谈话，他的态度渐渐变得友善了。我要跟他说的事，在第一次访问时，没有提到，在第二次、第三次也没有提到，但在第四次，我全部地结束了这一案件。这位老先生不仅把所有欠电话公司的账都付清了，而且还首次撤销了他向公众服务委员会的申诉，与我们握手言和。”

显然，这位老先生自认为是在为公益而战，是在保障公众的权利，不愿意无情地被剥夺。但他实际上是在追求一种自重感。他先是通过挑剔和抱怨，来得到这种自重感。但是，当他从电话公司的代表那里得到了自重感时，他那所有并不真实的冤屈立即化为乌有。

再如好几年前的一个早上，有一位怒气冲冲的客户闯进了德第蒙德毛尼公司——这家公司后来成了世界上服装行业最大的毛尼料供应公司。创始人德第蒙德先生向我解释说：

“尽管这位顾客不承认，但我们知道确实是他错了。所以我们公司信用部坚持要他付款。他在收到我们信用部的几封信之后，穿戴整齐地来到芝加哥，怒气冲冲地闯进我的办公室，告诉我说他不但不会付那笔钱，而且今后也不会订购德第蒙德公司一美元的货物。”

“我耐心地静听他所说的一切。我在此过程中有好几次都想打断他，但我知道那并不能解决问题，所以我就让他尽情发泄。当他最后怒气消尽，能够静下心来听别人的意见时，我平静地对他说：‘你到芝加哥来告诉我这件事，我得向你表示感谢。你已帮了我一个大忙，因为我们信用部如果使你不愉快的话，他们也可能会让别的顾客不高兴，那可真是太糟了。你一定要相信我，我比你更想听到这件事。’”

“他大概怎么也没有料到我会这样说。我想他可能还会有一点失望，因为他到芝加哥来，本来是想和我大干一番的。可是我在这里向他表示感谢，而没有和他争论。我明白地告诉他，我们要勾销那笔 15 美元的账，并忘掉这件事。我还说，因为他是一个很细心的人，而且只是涉及这一份账目，而我们的员工却要负责几千份账目，所以，和我们的员工相比，他不大可能出错。”

“我告诉他，我十分清楚他的感受，如果我处在他的地置，也会和他的感受完全一样。由于他不想再买我们的产品了，于是我给他推荐了其他几家公司。”

“以往他每次来芝加哥时，我们总是一同吃午餐，所以那天我照例请他吃午餐。他勉强答应了。但是当我们回到办公室的时候，他比以往订了多出许多倍的货物，然后平心静气地回去了。为了回报我们如此宽厚地对待他，他特意检查了他的账单，结果一张他以前放错了地方的账单被找了出来。于是，他给我们公司寄来了一张 15 美元的支票，并向我们表达了他的歉意。”

“后来，他的妻子生了一个男孩，他为他的儿子取名德第蒙德。他一直是我们公司的朋友和顾客，直到 22 年以后去世为止。”

有一个儿童从荷兰移居来美已有好多年了，当初，他为了生计，每每在上课之余，为一家面包店擦窗，这样，他每星期就可得到 500 美分的报酬。另外，他平常天天到街上用篮子捡拾煤车送煤时落在沟渠里的碎煤块。那个孩子叫巴克，一生只受过 6 年的学校教育，但最终却使自己成为美国新闻界一个最成功的杂志编辑。他的成功道路，说来话长，但他如何开始，我们能够简单地叙述。因为他开始时采用的正是本章所提出的原则。

巴克 13 岁那年离开学校，在西联公司做童工，每星期工资

6.25 美元。但他从未放弃寻求教育的意念。他不坐车、不吃午饭，把钱省下积攒起来，直到可以买一部《美国名人传记大全》。后来，他做了一件别人从未做的事情。他读了名人的传记，写信给他们，请他们寄来有关他们童年时代的补充材料。他是一个喜欢静听的人。他鼓励名人讲述自己的故事。

他曾给那时正为竞选忙得不可开交的加菲大将写信，询问他有没有曾经做过一名辛苦的拉船童工。他没想到的是加菲给他写了回信。他还写信给格莱德将军，询问某一战役。格莱德给了这位 14 岁的孩子一张地图并邀请他吃晚饭，饭后又与他谈了一整夜。此后，他又写信给爱默生并希望爱默生讲述关于他自己的情况。这位为西联送信的小孩不久便和全美最著名的人通了信，爱默生、勃罗克、夏姆士、浪番洛、林肯夫人、爱尔科德、谢尔曼将军及戴维斯都与他有过书信来往。

除了与他们通信外，巴克还在他们度假的时候，去拜访过他们中的好多位，成为这些家庭里颇受欢迎的客人之一。这种经历使他产生了一种无价的自信心。这些名人激发了他的理想与志向，转变了他的人生。而所有这些，仅仅是因实行了我们所讨论的这一原则而已。

马可逊先生是一个优秀的名人访问者。他说："多数人难以让他人对自己产生好印象的原因是他们不注意静听。他们只关心自己下面要说什么，他们不知道用耳朵。一些大人物曾告诉我，他们更喜欢善于倾听者而非善于谈话者。但能静听的能力，仿佛比任何其他好性格都少见。"这种性格不仅大人物有，平常人同样也有。《读者文摘》中曾写道："许多人之所以请医生，他们所要的只不过是一个倾听者。"

假如你想让周围的人躲避你，背后笑你，甚至轻视你，这里有一个最好的办法，就是不论在何种场合，总是不断地谈论你自己；假如在别人谈话时，你有自己不同的意见，别等他说完，就立即打断他。为什么浪费你的时间去听他无谓的闲谈？他的话有你的动听吗？

这样的人其实就是为自私心及自重感所麻弊的人。他们只爱谈论自己，只为自己设想。“仅为自己设想的人，”哥伦比亚大学校长巴德勒博士说，“是无可救药的缺乏教育者。”“他的确没有教养，”巴德勒博士说，“无论他受过怎样的教育。”

假若你非常希望成为一个善于谈话的人，那你首先要做一个注意倾听的人。只有你对别人感兴趣，别人才会对你感兴趣。谈话的技巧是问别人喜欢回答的问题，鼓励他谈论自己所取得的成就。始终要对他的思想、他的需要、他的问题，比对你的想法、你的需要、你的问题要感兴趣100倍。留意他脸上的嘴比注意非洲的40次地震还要多才行。

> 纽约银行业巨子杜威诺先生说过：“我通过研究有关人际关系的丛书后发现，要想激发某个人的热忱，必须改变策略，首先发掘出这个人的兴趣爱好才行。”

迎合他人的兴趣话题

每一个前往牡蛎湾拜访罗斯福总统的人，都会对他那渊博的知识感到惊讶。“不论是牧童还是骑士，或纽约的政客和外交家，”研究罗斯福的权威作家伯莱特福写道，“罗斯福都知道该和他说些什么。”

那么，罗斯福又是如何做到的呢？答案很简单——不论罗斯福要见什么人，他总是会在来访者到来的前一天晚上晚些入睡，翻阅一些来访者会特别感兴趣的知识。

因为罗斯福和所有领袖人物一样，深知通达对方内心思想的妙方，就是和对方谈论他感兴趣的事情。

纽约银行业巨子杜威诺先生说过：“我通过研究有关人际关系的丛书后发现，要想激发某个人的热忱，必须改变策略，首先发掘出这个人的兴趣爱好才行。”

前耶鲁大学教授、和蔼的费尔普早年就有过这种教训。

“记得8岁那年，我去姑母林慈莱家里度假。”费尔普在他的一篇关于人性的文章中写道，“在一个周末的晚上，有一个中年人来拜访姑母，他与姑母寒暄之后，便将注意力集中在我身上。当时我正巧对船很感兴趣，在与他的交谈中，我了解到了许多关于船的趣事奇闻。所以在他走后，我向姑母热烈地称赞他，说他是一个多么好的人！对船是多么感兴趣！而我的姑母告诉我说，他是纽约的一位律师，其实他对有关船的知识毫无兴趣。那他为什么跟我谈了那么多有关船的事情呢？”

“‘这是因为他见你对船有兴趣。他是个有修养、品德高尚的人，他愿意做让你喜欢并感到愉悦的事情，同时也使他自己为人所欢迎。’姑母告诉我。”

“费尔普说：‘姑母的话让我深受启迪，永远难忘。’”

就在我写这篇文章的时候，童子军中的活跃人物查利夫给我寄来了一封信，他在信中说：“我有个计划，那就是在欧洲举行童子军大露营。但在计划实施之前，我必须先获得美国一家大公司的经理资助的旅费。”

“幸好在我去见这人以前，听说他曾开了一张 100 万美元的支票，而这张支票退回之后，他把它置于镜框之中。”

“于是，当我进入他的办公室时，首先关注的就是那张支票。我告诉他，我从未听说过有人开过这样的一张支票，我要告诉我的童子军，我的确看见那张百万美元的支票了。他很欣喜地向我出示那张支票。我表示羡慕他，并请他告诉我其中的经过情形。”

事情很微妙，是不是？查利夫先生并没有把此行的目的及所要达到的要求讲出来，从始至终，他谈论的都是对方所感兴趣的事情。那么，结果怎样呢？

“谈话快要结束时，我正在访问的人说道：‘对了，你见我有什么事吗？’于是我告诉了他。”

“令我吃惊又高兴的事发生了，他没有多考虑，就答应了我的要求，而且比我预想的要慷慨许多。我只请他资助 1 个童子军赴欧洲，他竟资助了 5 个童子军，另加上我，并让我们在欧洲住几星期。他又给我开了介绍信，介绍给他分公司的经理，让他们帮忙。他自己又亲自在巴黎接我们，引导我们游览城市。自此以后，他给那些家境贫苦的童子军提供了一些工作，而且到目前为止他仍旧热心给我们这个团体出策献力，尽最大可能帮助我们。”

“说实话，我很清楚，如果当时我不曾找出他所感兴趣的事，使他先高兴起来，那么我想接近他一定很不容易！”

事实上，这种投其所好的方法在商界也很适用，但杜佛诺先生却不是受益者之一。

杜佛诺先生是纽约一家面包公司的经理，他一直努力与一家旅馆建立贸易关系。4 年来，他每星期都去拜访一次这家旅馆的经理，参加这位经理所举行的交际活动，甚至在这家旅馆中开了房间住在那里，以期得到自己的买卖，但他还是失败了。

“最后，我决定改变策略，”杜佛诺先生说，“我先要找出这个人最感兴趣的是什么——什么事情能引起他的热心。”

“经过多方面的打探，我了解到关于他的一个事情：他是美国旅馆招待员协会的一名会员，多年来，他一直梦想爬上该协会会长的宝座。此外，他还有一个更高的要求，那就是成为国际招待员协会的会长。不论在什么地方举行大会，再远、再难他也要去参加。”

“在得悉这个信息，第二天我去拜访他的时候，我把谈话引向了与招待员协会有关的事，结果我得到了非常好的反应。他对我讲了半小时关于招待员协会的事，他的声调充满热情地震动着。我可以清楚地意识到，这确实是他很感兴趣的业余爱好。在我离开他的办公室以前，他劝我也加入该会。”

“这次见面，我一句也没提与面包有关的事情。但几天以后，他旅馆中的一位负责人给我打来电话，要我带上货样及价目单过去。”

“‘我不知道你对我们经理施了什么法术，’这位负责人招呼我说，‘但他真的被你搔到痒处了！’”

“显而易见，我几经周折想接近他，与他交易，最后要不是我开动脑筋去想、去找他所感兴趣的东西，恐怕再过 4 年我的目的也难以达到。”

人类行为有一条重要的法则——“尊重他人，满足对方的自我成就感。”如果你遵循它，就会为自己带来快乐；如果你违反了它，就会陷入无尽的挫折中。

满足对方的成就感

人类行为有一条重要的法则——“尊重他人，满足对方的自我成就感。”如果你遵循它，就会为自己带来快乐；如果你违反了它，就会陷入无尽的挫折中。这正如杜威教授曾说的：“人们最急切的愿望，就是希望自己能受到重视。而我也曾一再强调，人类文明就是在这股力量促使下创造的。”

人类行为的奥妙是哲学家们经过千年的沉思才悟出来的，其实这不是一项多新的发明，古圣先贤、中外哲人所一再教导我们的就是：己所不欲，勿施于人。己所欲者，亦施于人。

你希望周围的人喜欢你，你希望自己的观点被人接受，你希望听到真心的赞美，你希望别人重视你……那么让我们自己先来遵守“你希望别人怎么待你，你先怎么对待别人”这条诫令吧！

不要想等你当了大官、干了大事业后才开始履行这条法则，随时随地，只要你遵循它，就会为你带来意想不到的效果。

事实上，每个人都有他的优点，都有值得为他人所学习的长处，承认对方的重要性，并表达由衷的赞美，就能够使许多冲突与紧张得以缓解。

如果你想天天都快乐，那就千万不要责怪你太太的治家本领，也不能拿她和你母亲比较，你要知道那是非常不利的。相反地，你要常常赞美她管家的能力，并且公开表示你很幸运娶了一位秀外慧中的女人。甚至当牛排像羊皮、面包像黑炭时，也不要说什么埋怨的话，只说这些东西做得没有她平常的那么好。如此一来，她就会在厨艺上下一番功夫，以达到你所期望的程度。

不要突然开始这么做，那样，她会怀疑的。你可以从今天晚上或者明天晚上开始，买一束鲜花或一盒糖，多说一些关心的话，多对她温柔地微笑……如果每对夫妻都能这么做的话，世间就不会再有这么多的婚姻悲剧发生了。

所以，如果你希望别人喜欢你，那么就要尊重别人，让对方认为他自己是个重要的人物，满足他的成就感。

交流需要技巧，只有纯熟于心，才能和他人心灵相通，彼此才能在融洽的氛围里达成一致。

融个性于人群中

我们平时说到的个性并不是孤立的，而是融合在人群之中的。孤军奋战等同于自取灭亡。个体时代中，人人都以个性为核心，与别的个性竞争，要进行沟通是非常困难的，正因为如此，沟通就显得尤为重要了。

当个性能让自己处在良好的人际关系中时，就会减少许多不必要的麻烦。

那么，如何才能建立起良好的人际关系呢？

假如你现在遇到了一种危急情况，你认真想一想，能够给你伸出援助之手的人是谁？当然不止一个，你把他们一一写出来。如果你能连续写出 8 个人的名字，你的人际关系就相当不错了，你能做成你想要达成的事。

查斯特・菲尔德爵士认为：我们以个性为中心来与人交往，但不可以自私的心态去要求他人。对此，要时刻警觉才行，因为交往就是为了沟通。

不要以为自己永远都是对的。生活中的法则在很多方面都不止一种，不能简单地归结为对与不对，只有学生才会做出这样的判断。关键要做出最佳的形势判断，客观地分析沟通的条件和现状。

许多人在沟通时，盲目地坚持己见，结果把沟通搞得像一场概念争论，他只想赢得自利，将沟通抛之于脑后。这样，看法不同的人，在同一个观点上也许就噤若寒蝉，觉得受到了伤害，只好退缩进心灵，不再和别人沟通了。他人对他会长时间持有异议。别忘了，观点不一样，并非不正确，从他的角度看一看也就什么都知道了。

在沟通的过程中，人们彼此观察着态度、行为、眼神，其目的在于做强弱判断。一个人若要使沟通顺利，就得在态度和行为上掌握得当才行。

首先，要有正确的处世态度，在心理状态上要和他人平等相处，不要把自己估计得太高，也不要一味地把别人举得过高。既然要和他人沟通，就要对他的诚意和能力示以信任，相信他的智力水平不在你之下。哪怕坐在你面前的是乞丐，你也应该明白，在某些方面你是不如他的。

其次，要有正确的行为。在沟通时，应该认真地倾听他人，这是所有沟通技法中最本质的一项原则。在倾听中了解他人，就等于为他人倾听你时打下了良好基础。在相互倾听的行为中，力争求同存异，你会发现求同的同时，相异的观点常常不自觉地彼此融合，最终在思想上达成了一致。

正确的态度和行为可以轻而易举地解决自私问题，沟通起来就容易多了。懂得这个道理，才会在沟通中掌握住分寸，才能够顾及他人的个性，才能够融洽相处。你不再以自私而表现出武断，而是与人商量，彼此都有参与感。相异的看法就可以认真地推敲，最终的观点彼此都会认同，达成一致。

这世上总有许多人以为滔滔不绝的言谈就是沟通，他们自以为要想说服麻雀从树上下来就必须得那样。这难道不可笑吗？他们以为沟通就是说话，而忘了沟通的真义是彼此的关系。沟通的是人，不是语言，言谈只是途径之一。

彼此关系融洽时，不用讲得太多也能心意相通，一个手势、一个眼神就能把意思表达清楚。说错了话那也没关系，彼此相视一笑，依旧能理解话中的意思。是不是觉得人真是奇怪，明明是一句牛头不对马嘴的话，对方却能听懂你真正的用意，为什么？心意相通，怎会不如此呢？

相反地，彼此关系恶劣时，说上千句、万句也等于一句话没说，障碍依旧是清除不掉的。

需要注意的是，沟通就是为了彼此建立关系。沟通时，应以关系为重，双方情绪相抵触时，一定要推敲自己语言中的字眼，避免让他人难堪和受辱，同时避免被误解。沟通的语言就是不断地翻译，你倾听他人说的，翻译成他人想的；同样地，他倾听你的话，把它译成你所想的。双方情绪抵触就会出错，犹如把日语当成法语用。

沟通能力的培养要在外在技巧和内在动机上下功夫。要在沟通上取得长足进步，能够在危急情况下轻易写下 8 个人的名字，你就必须内外兼修。

沟通的技巧也需要实际训练，犹如游泳一般，光在岸上看永远也学不会，因为缺少技巧训练。生活中，很多人忽视沟通技巧，甚至根本不学。有的人学了一些技巧，也根本不用。如果有人和他交往时用了他学过的技巧，心里想："你这家伙别耍花招，这些虚伪做法我是晓得的。"如此轻视技巧，沟通起来必然会很困难。

外在技巧的目的还是为内心动机服务的。彼此内心动机吻合时，就是所谓的心灵交流。

沟通时，一个人的内心要保持稳定，内心目标要一致，当然，也要随着情况的变化而随机应变。你要时刻关注个性，个性恒定有赖于对自我的控制，从而有效地放弃自私。在重要问题上，仔细地倾听他人的言语，领会词句的真意，时刻让个性的恒定平静自己的思绪。我们可在认可他人的观点下，改变或修正自己的观点。如果个性缺乏恒定性，就会担心改变可能带来不利的影响，明知有错却要一意孤行。个性恒定最重要的价值就在于它不受他人的影响。

有一种隐患可能严重误导沟通，它来自内心，且使外在技巧失灵。这就是一般人老是在事前预测结果，如果预测结果对自己有利，沟通就容易；如果预测结果对自己不利，就会带着情绪去沟通，整个沟通过程都试图扭转或赢回假想的损失，而不能把注意力放在沟通本身上，从而使沟通受阻，自己的想法果真也成为现实了。

要想使得沟通顺畅，须得严格把握住沟通的动机和沟通的内容，一定要学会用恰当的语言表达技巧。充满情感氛围地说话，更容易引起心灵上的共鸣。人们首先是用心去听，然后才是用耳朵去听。既然彼此交心，耳朵就仅仅是倾听的中介。如果预先预测结果，很容易有个保守立场，心理也尽力排斥他人对保守立场的靠近。如此，则将失去了解他人的耐心。不能先了解他人时，自己的表达也会有所保留，从而也不能把自己的观点完全表达清楚。

要使自己表达清楚，就要对别人先有一定的了解。沟通的最佳境界是双方都浑然忘我。双方全神贯注、完全投入，就能够超越自私，放下固执的包袱，就能从对方的角度看待问题。当然，这需要有足够的个性恒定相支持，否则，就不存在沟通，而是其中一方在不知不觉中就成为对方的俘虏。

沟通就是双方追求一种认同，而勇气、耐心和个性恒定是取得一致不可或缺的重要因素。勇气使你能舍去自己的执着，从他人的角度理解问题；耐心使你认真倾听，接受他人的意志；个性恒定是要使自己不至于受他人情绪牵引，不人云亦云。认同就是你对他、他对你的接纳与包容。

交流需要技巧，只有纯熟于心，才能和他人心灵相通，彼此才能在融洽的氛围里达成一致。

将自己的个性融入人群中去吧，你的人生将会从此改变，变得更加绚烂！

让他人感到自己重要是人类行为中的一个极为重要的法则。如果人们都遵从这一法则，那么谁也不会惹来什么麻烦，而且都可以得到真诚的友谊和永恒的快乐。

让他人感到自己重要

在日常生活中，我们有些人在人际交往上为什么会屡屡失败呢？究其原因是他们不懂得或者忘记了一个重要原则——让他人感到自己重要。他们喜欢自我表现，喜欢夸大吹嘘自己，而且只要获得一项成果，他们首先表现出的就是自己有多大的功劳，做出了多大贡献。其实也就是向他人表明，你们确实不太重要。无形之中，他们伤害了别人，当然也为自己树立了敌人。

有一次，我在纽约第三十二街和第八道交叉口处的邮局里排队等候寄一封挂号信。我发现有位营业员显然有一些浮躁——称重、拿邮票、找零钱、写收据……这样单调而重复的工作使他觉得很无聊。于是我对自己说："我要让那位办事员喜欢我。而要让他喜欢，我显然必须说些好话——不是关于我自己，而是有关他的。"

"可我要称赞他哪些行为呢？"或换句话说："他有哪些行为是值得赞许的呢？"有时，这实在是个难题，尤其对方是一个陌生人时。但是，称赞眼前的这位职员似乎并不让我感到困难，我马上就找出可以让他高兴的话题了。

当他开始为我服务时，我热切地对他说："我真希望能有你这样的头发。"

他有些惊讶地看着我，脸上泛出微笑。"啊，它已经不像以前那么好啦！"他谦虚地应答。我告诉他，虽然它可能比以前稍减些光泽，但仍然令人十分羡慕。他十分高兴，和我谈了一会儿，最后说道："我的头发曾令很多人羡慕。"

我想，这位先生一定步履轻快地去吃午饭；晚上回家，还会将此事十分炫耀地告诉他的太太；甚至还会对着镜子自夸说："瞧！我的头发多么让人羡慕。"

我在一次演讲的时候提起这件事，事后有人问我："你想从那人身上得到什么？"

是的，我想从那人身上得到什么？我又能从那人身上得到什么呢？

问这话的先生是不是功利心太强了点？假若我们都是这么自私，一旦没有从他人身上得到好处，就不对他人表示一点赞赏或表达一点真诚的感谢。如果我们的心胸比野生的酸苹果大不了多少，那么我们的灵魂将会变得多么枯萎，我们的心灵会变得多么贫乏。

是的，我是希望从那位先生身上得到一点东西，但那东西是无价的，而且我已经得到了，那就是使别人得到欢乐后的满足感。这种满足感在经历了多年的风风雨雨之后，变得更加甜美和浓厚。

让他人感到自己重要是人类行为中的一个极为重要的法则。如果人们都遵从这一法则，那么谁也不会惹来什么麻烦，而且都可以得到真诚的友谊和永恒的快乐。反之，如果我们破坏了这个法则，难免会惹祸上身。

著名哲学家约翰·杜威说："人类本质里最深层的驱动力就是希望具有重要性。"哈佛著名心理学家威廉·詹姆斯也说："人类本质中最殷切的需求是渴望得到他人的肯定。"我也曾指出：正是这种需求使得人类有别于其他动物；也正是这种需求，产生了丰富的人类文化。

实际上，在人类历史长河中，这一法则早已被无数哲学家深思和探讨过，结论是唯一的。2500 年前，索罗亚斯特在波斯用这个原则教导门徒；中国的孔子同样这么谆谆劝导他的门生；道教的始祖老子在函谷关也这么传输过教义；基督降生的前 500 年，佛陀已在神圣的恒河边这样教诲众生，甚至印度教的经典也这么记载着……这大概是世上为人处世最重要的法则："你要别人如何待你，你就要如何待别人。"

每一个人都希望自己被他人肯定、认同，希望自身的价值得以体现，希望自己在别人的心目中有很重要的地位。你不喜欢廉价、言不由衷的恭维，渴望出自真诚的赞美。你喜欢友人正像查理·夏布所说："真诚、慷慨地赞美他人。"我们的内心都是相通的。

为此，我们必须遵循这一永恒的定律——你希望别人怎样对待自己，那你就应该怎样去对待别人。

可在什么时间，又在什么地方开始做呢？怎么去做？答案是：随时，随地。

比方说，你在餐馆里点了一份炸薯条，而女侍者却端给你一份马铃薯，我们可以这样说："不好意思，有劳你了，但我比较喜欢炸薯条。”女侍者可能会这么回答：“不，没有关系。”而且她还会高高兴兴地把马铃薯换走。因为我们已经对她表示了敬意。

面对日常生活中的诸多失误和麻烦，我们要学会运用这些词语来消除，比如“对不起，麻烦你……”“你愿意……”“我能……”“你介不介意……”“非常感谢”等。

我们再看另一个例子。

你是否读过凯恩的小说《基督教徒·法官·英国曼岛人》？有成千上万的人读过他的小说。凯恩是个铁匠的儿子，一生只上过 8 年学，但他去世时已成为这个世界有史以来最为富有的作家。

凯恩是怎么创造财富的呢？大概情况是这样的：由于凯恩酷爱诗歌，所以他将大诗人罗斯迪所有的诗都读了一遍。他还写了一篇演说词，来歌颂罗斯迪在诗歌方面的艺术成就，并将它送给了罗斯迪本人。罗斯迪当然十分高兴。“任何一个青年能对我的才华有如此高深的见解，”罗斯迪说，“一定是个非常聪明的人。”

于是，罗斯迪将凯恩请到家中来，让他担任自己的秘书。这对凯恩来说可是改变人生道路的难得机会——因为他凭借这一新的身份，接触了许多当代著名的文学家，从他们那里接受有益的建议，并受到他们的鼓励和激发，开始了他自己的写作生涯，最终名闻世界。

凯恩的故乡是英国曼岛的格里巴堡，它现在已经成为世界各地旅游者观光赏景的胜地。他留下来的财产高达 250 万美元。可是，又有谁知道，如果他当初没有写那篇真诚赞美罗斯迪的演讲词，他或许会穷困潦倒地死去呢。

这就是发自内心的真诚赞美的力量，这是一种伟大的力量！

罗斯迪认为自己很重要，这并不是什么新鲜事——几乎每个人都认为自己很重要，非常非常重要。而每个国家也是这样。

你认为你比日本人出色吗？可事实上，日本人认为自己比你要出色得多。例如，当一个保守的日本人看到一位白人和一个日本女人在一起跳舞时，他一定会异常恼怒。

你认为你比印度人更聪明吗？那是你的自由。但成千上万的印度人却觉得自己比你要聪明，他们不屑于与你这个异教徒为伍，更不愿去碰那些被你的影子所玷污过的食物。

你认为你比因纽特人更优秀吗？这也是你的自由。但是你真的想知道因纽特人对你持什么看法吗？在爱斯基摩人当中，那些游手好闲、好吃懒做的流氓地痞，被爱斯基摩人称为“白人”——这是他们最藐视人的称呼。

几乎每一个国家都认为自己比别的国家更好，于是就从中产生出爱国主义精神，也从中产生了战争。

一个不容否认的事实就是，凡是你见过的人，你可能都会觉得他在某些方面要比你强。实际上，每个人都有其优点，都有值得别人学习的地方。承认对方的重要性，并由衷地表达出来，就会使你得到他的友谊。

千万不要忘记爱默生曾说过的话：“凡是我所遇见的人，都有比我优秀之处。在这个方面，我正好可以向他学习。”

但让人感到愤怒的是，那些无所作为却自以为很成功的人，整天都在用令人恶心的浮华夸饰之词来掩饰他们内心的不安，到处招摇撞骗，不知廉耻。这种人正像莎士比亚所说的：“人！狂傲的人！借着那么一点儿才能，竟然在上帝面前胡作非为，骗得天使们都流下了眼泪。”

下面我将讲3个故事，都是我班上那些从事商业的学员实行这些法则而获得成功的故事。

我先讲一位康涅狄格州律师的故事。由于他亲属方面的原因，他不想让别人知道他的姓名，所以我们暂且叫他R先生吧。

> R先生来我班上接受培训之后不久，就和他妻子驾车去长岛看望她的几家亲戚。他妻子将他留下来，陪同她年迈的姑妈聊天，而她自己则去看望另几家亲戚。由于R先生要在班上做一次关于如何运用赞美法则的演讲，于是他打算从这位老太太这里开始训练自己这方面的才能。
>
> R先生在老太太的房子四周仔细巡视了一番，希望能

找到一些他可以真诚赞美的东西。

“你这栋房子是建于 1890 年前后，对吗?”R 先生问老太太。

“是的，”老太太回答说，“正是那一年建的。”

“它使我回想起我出生的老家的房子。”R 先生说，“它真是太好了，真漂亮，里面真宽敞！你知道，人们现在再也不建这种房子了。”

“一点都不错，年轻人!”老太太也表示同感，她说，“现在的那些年轻人可不怎么在乎漂亮的房子。他们所想要的，不过是一小套公寓和一个电冰箱，然后无忧无虑地开着汽车，到处去兜风闲逛。”

“这是一所凝聚了理想和希望的房子。”老太太的声音有些颤抖，陷入了回忆当中。她充满柔情地说：“这房子是我和我丈夫爱情的结晶。我丈夫和我在建这栋房子之前，设计构思了许多年的时间。我们并没有请建筑师，它完全是我们自己设计的。”

然后，老太太领着 R 先生参观了这所老房子。房子里放满了老太太在世界各地旅行时搜集到的纪念珍品：波斯披肩、英国老茶具、威格瓷器、法式寝具、意大利油画，以及曾风靡法国封建王朝时期的专用于古堡装饰的丝帷。她对这些东西一直视如生命般宝贵。R 先生对这些东西表示了真诚的赞美。

“老太太领我参观完房子之后，”R 先生说，“她又把我带到车库去。那里放着一辆几乎是全新的别克高级汽车。”

“这辆车是我丈夫在去世前不久买的。”老太太慢声细语地说，“他离我而去之后，我再也没有用过它……年轻人，你很会欣赏美丽的东西，我准备把这辆车送给你。”

“哦，不！姑妈!”R 先生说，“你这可让我不知如何是好了。对于你这番盛情，我当然感激不尽。可是我怎么能接受这么贵重的东西呢？我不是你的直系亲属，而且我自己也有一辆汽车。再说了，你的许多亲戚也很喜欢这辆别克车呢！”

“亲戚?!”老太太激动地大声喊道，“是的，我确实有亲戚。可是他们都正等着我死呢，这样他们就好得到我这辆汽车了。但他们谁也甭想得到它。”

“如果你不愿将它送给他们，那你可以把它卖给旧车专营公司。”R 先生告诉老太太。

“卖掉它?!”老太太叫了起来，“你以为我想卖掉它吗？你以为我愿意让那些和我素不相识的陌生人坐在我丈夫给我买的车中，到处跑来跑去吗？年轻人，我做梦都不会卖的。我只想把它送给你，因为你是个懂得欣赏美丽东西的人。”

R 先生尽力拒绝接受老太太的汽车，然而他最后不得不收下它，因为他的拒绝只会使她更加伤心。

这位老太太一个人孤独地住在这栋空荡荡的老房子里，她所拥有的只是她的波斯披肩、各种英国和法国古董以及她的回忆。她所渴望的，正是像 R 先生这样的赞美和欣赏。她也曾经年轻而美丽，拥有许许多多的追求者。她曾经和她的丈夫共同建了这所房子，这里面有他们永恒的、温馨的爱情，他们还从欧洲各国搜集到各种珍品来装饰这个爱情的巢窝。可是现在，她已经老了，在这年老孤寂的环境中，她渴望得到一点人间的温暖，得到一点真诚的赞美——但没有人给她所需要的东西。现在 R 先生给了她这一切，她的心犹如久旱逢甘露的大地一样，充满了感激，使她体会到了久别的情怀。一旦她得到这一切，那么即使将那辆别克车送给 R 先生，也不能完全表达她对他的感激之情。

请看下面的例子。罗纳尔德·罗兰先生负责我们在加利福尼亚州的授课，他曾教过美工课，一次他讲了一个发生在初级手工班学生克里斯身上的故事。

克里斯是个 14 岁的男孩子。他安静、害羞，缺乏自信心，平常在课堂上很少引人注意。一天，我见他正在伏案用功，便走过去与他搭话。他的内心深处似乎有一股见不到的火焰。当我问他喜不喜欢我上的课时，他脸上的表情发生了极大变化。我可以看出他的情绪有些激动，而且，想极力忍住泪水。

“我的表现让你很失望，是不是？罗兰先生？”

“啊，不！克里斯，你表现得很好。”

那天下课后，克里斯用那对明亮的蓝眼睛看着我，并且肯定、有力地说：“谢谢你，罗兰先生！”克里斯让我知晓了一个道理——我们都拥有自己的自尊。为了使自己不致忘记，我在教室前方挂了一个标语：“你是最重要的。”这样不但每个学生都可以看到，也随时提醒我：要公正地对待每一个学生，他们有着同等重要的地位。

这是一个毫不夸张的事实：几乎你所遇见的每一个人都自以为在某些地方比你优秀。所以，要打动他们内心的最好方法，就是让他们有机会把这种优越感表现出来。

纽约园艺设计与保养公司的管理人唐纳德·麦克马亨曾向我讲述了一个故事。

我曾经给一位名气很大的鉴赏家设计庭院，这位鉴赏家告诉我他想在那里种一片石楠和杜鹃花。

我说道：“先生，听说你养了许多漂亮的好狗，每年在麦迪逊广场花园的展览里，你都能拿到好几个蓝带奖，是吗？”

这一小小的称赞使鉴赏家春风满面。他回答说：“是的，我从养狗中得到了很多乐趣。走，我领你去看看它们。”

他花了几十分钟的时间，带我参观各类的狗和所得的奖品，甚至向我说明血统如何影响狗的外貌和智慧。

参观结束，他突然问我："你有没有小孩?"

我说："我有个儿子。"

"啊，他想不想要只小狗呢?"他问道。

我回答说："我想他一定会兴奋得跳起来。"

"那么，我要送一只给他。"鉴赏家慷慨地说。

随后，他又教我如何饲养小狗，讲了一半却又停下来。"你大概不容易记下来。我写一份说明给你。"于是他走进屋里，打了一份血统谱和饲养说明书给我。

就这样，他不但送我一只价值好几百美元的小狗，还在百忙中花了一个多小时陪我。而他这样做的起因，仅仅是因为我一句轻描淡写的赞美。

再看伊斯曼——著名的柯达公司的总经理。他发明了透明胶片，从而使活动电影变成了现实，他也因此而成为亿万富翁，成为全世界最著名的企业家之一。然而，尽管如此，伊斯曼仍然渴望得到别人的赞赏，哪怕只是些许的赞赏也会让他激动难抑，就像你和我一样。

例如，就在几年前，伊斯曼为了纪念他已经故去的母亲，准备在罗切斯特建造伊斯曼音乐学院和基尔伯恩大剧院。在纽约经营座椅生意的优美座椅公司的经理亚当斯得到消息后，决定承揽下这些建筑物中的座椅业务。他打电话给伊斯曼雇用的建筑师约托，两个人打算一同去罗切斯特拜访伊斯曼。

亚当斯见到约托后，这位建筑师说："我知道你想要得到这笔订单。但我可以告诉你，伊斯曼先生是个很严厉的人，他是这个世界上最忙的人；如果你占用他的时间超过5分钟，那你就别指望得到这笔业务了。所以我认为，你最好是长话短说，快点儿说完就出来。"

但是，亚当斯见了伊斯曼之后，又是如何做的呢?

当他被领进房间时，伊斯曼正低着头看文件。过了片刻，伊斯曼摘下眼镜，抬起头来，走到约托和亚当斯两人跟前，说道：“两位好，请问有何指教?”

建筑师约托做了简单介绍之后，亚当斯说：

“伊斯曼先生，当我们等候你的时候，我一直在欣赏你的办公室。我想如果我也有一个像你这样的办公室，我也一定会努力工作的。你知道，我干的是室内木工装潢行业，可是我一辈子还没有见过比这更棒的办公室。”

伊斯曼说：“啊，如果不是你这样说，我倒真的想不起这些了。这办公室是不是很漂亮？当初装好之后，我就非常喜欢它。可是我现在每天都有一大堆的事情要处理，脑子里想的只是工作，因此许久以来我竟没有注意到我自己这个漂亮的办公室。”

亚当斯走上前来，摸了摸伊斯曼的办公桌，说：“这是英国橡木的，对吧？它与意大利橡木在质地上有点儿差异。”

“是的。”伊斯曼回答说，“那是进口的英国橡木桌子。这是我一位对硬质木材很有研究的朋友特意为我挑选的。”

随后，伊斯曼带领亚当斯和约托参观了整个办公室，还向他们详细介绍了各种物品的大小比例、颜色、精细雕刻以及某些在他的参与下设计完成的装饰。很显然，伊斯曼很乐意向他的客人展示这些东西。

就在他们欣赏办公室内的木艺装饰时，伊斯曼向亚当斯说起了他正要捐资建造的一些机构，如罗切斯特大学、公众医院、顺势治疗医院、慈善养老院、儿童医院……说到这些的时候，伊斯曼是那样的谦虚和平静。亚当斯则不失时机地赞赏他用自己创造的财富来解救人类摆脱疾病痛苦的崇高行为。

过了一会儿，伊斯曼打开一个玻璃柜的锁，取出了他从一个英国人那里买来的一件发明——他所拥有的世界上第一架照相机。

然后，亚当斯又详细地向伊斯曼询问他早期艰苦创业的经过。伊斯曼先生于是打开了情感的匣子，动情地讲了他幼年的贫困生活，说起他曾为了一天赚到50美分而给一家保险公司当业务员，以及他守寡的母亲为了维持一家人的生活而出租房屋开起旅店的事。贫困使伊斯曼日日夜夜都在痛苦中煎熬。他决心去赚钱，赚到足够多的钱，好让他母亲不再因开旅店而被拖垮累死。

亚当斯静静地听着这些，听得着了迷一样。

伊斯曼又向亚当斯说起他当初试验胶片的经历。为了尽快试验成功，他整天整夜都待在试验室做各种试验，只有在化学药品进行反应的时候眯上眼打个盹。有一次他竟连续工作72小时，由于劳累交加，他穿着工作服就睡着了。

亚当斯在十点一刻进到伊斯曼的办公室，而建筑师约托还警告他不要超过5分钟。可是1小时过去了，两小时过去了……他们还在继续谈论。

最后，伊斯曼对亚当斯说："我上次从日本买了几张椅子回来，放在我家的阳台上。但它们已被太阳晒脱漆了，我就到街上去买了些油漆，亲自把它们给漆了一遍。你愿意去我家看看我漆得怎么样吗？好了，咱们说定了，就到我家来，我们一同吃午饭，并看看我油漆的那几张椅子。你看如何？"

亚当斯接受了伊斯曼先生的邀请。吃完午饭之后，伊斯曼让亚当斯看了看他"亲自"油漆的椅子。其实，这些椅子根本值不了几个钱，但对于亿万富翁伊斯曼先生来说，可是件重要的东西，因为他"亲自"油漆了这些椅子，并为此而感到十分自豪。

伊斯曼先生这次要订购的座椅价值9万美元，众多的商家正盯着这笔生意。你能想到是谁得到了这笔生意吗？是亚当斯，还是他的竞争对手？

从那以后，直到伊斯曼先生去世，他和亚当斯始终保持着密切的联系，他们成了最亲密的朋友。

我们应该如何运用这种赞美他人的黄金法则呢？为什么不从我们自己的家庭开始？我不知道还会有什么地方更需要它。你的妻子肯定会有她的优点，或者至少你曾认为她有某些优点，要不然你会娶她做妻子吗？可是，从你上次赞赏她至今已有多久了，你还记得吗？

几年前，我曾去纽勃伦斯维克的米拉米奇河上游钓鱼。当时，我一个人住在加拿大森林中唯一的一座帐篷里，而我所能找到的唯一的读物是一张乡村报纸。为了打发时间，我把这份报纸从头到尾看了个遍，包括里面的广告和迪克斯的婚姻指南。迪克斯的文章写得好极了，因此我剪下来保存好。她说，她只要听到那些训导新娘的话，就会非常厌烦，因此她认为应该有人给那些新郎一些明智的建议——

> 如果不知道赞美别人，就不要结婚；在结婚前赞美女人是很自然的事，但是在结婚之后赞美女人，则是必须要做的事，而这也是关系到你对妻子的真诚及家庭的稳定、美满与幸福。婚姻并不是白开水，而是情感的外交场所。
>
> 因此，如果你想每天都能得到快乐，就千万不要指责你的妻子，也不要将她和你母亲作不恰当的比较，这样只会招致她的抱怨。相反，你应该经常称赞她的治家本领，夸她把家中收拾得干干净净的；还要当着别人的面，说你很幸运地娶了一位既有才华又有美貌的妻子。即使她有时把牛排烤得像牛皮一样焦，把面包烤得像炭一样黑，你也不应该有丝毫的抱怨，只说她没有达到平常应有的水平，那么她一定会尽力达到你对她的期望。
>
> 不过，你不能突然开始，否则她会起疑心。
>
> 你要经常给她买些鲜花和糖果，不能只是口头上说“是的，我应该那样做”，而是要真的付诸实施！然后再送给她一个微笑，和她说上几句温暖的情话。如果有更多的夫妻能依此去做，我想就不会出现每 6 次婚姻中就有 1 次失败的现象了。

你想知道如何让女人对你产生爱情吗？好的，这里就有一条秘诀，而且非常有效。这可不是我发现的，我是从迪克斯那里学到的。她曾访问过一位著名的重婚犯——他曾获得过 23 个女人的芳心，以及她们存在银行的钱财。（需要说明的是，迪克斯是在监狱中访问这人的。）当她问他是如何令女人对他产生爱情的时候，他说并没有什么神秘的，只要和女人谈论她自己就行了。

对男人来说，同样的方法也有效。“和一个男人谈论他自己的事，”大不列颠帝国最聪明的首相狄斯雷利说，“他会静听几个小时。”

所以，假如你想使别人喜欢你，请记住：使别人感到自己重要，那就真诚地去赞美他们吧。